◎本书为2019年全国高校古籍整理研究计划项目“《宋鉴疏论》整理与研究”（GJ2019003）研究成果；“宋代治国通鉴长编记事文献整理与研究”（2020HPY027）项目研究成果之一

◎本书出版获得教育部省属高校人文社会科学重点研究基地河北大学宋史研究中心建设经费资助

宋鉴疏论校注

王海潮　王泽青　岳东云　校注

河北大学出版社·保定

出 版 人：朱文富
责任编辑：王红梅
装帧设计：王占梅
责任校对：蔡文涛
责任印制：常　凯

SONGJIANSHULUN JIAOZHU

图书在版编目（CIP）数据

宋鉴疏论校注 / 王海潮，王泽青，岳东云校注．--保定：河北大学出版社，2023.1
ISBN 978-7-5666-2153-5

Ⅰ．①宋… Ⅱ．①王… ②王… ③岳… Ⅲ．①政治-谋略-中国-宋代 Ⅳ．①D691

中国国家版本馆CIP数据核字(2023)第014588号

出版发行：河北大学出版社
地址：河北省保定市七一东路2666号　邮编：071000
电话：0312-5073003　0312-5073029
网址：www.hbdxcbs.com
邮箱：hbdxcbs818@163.com
经　　销：全国新华书店
印　　刷：保定市北方胶印有限公司
幅面尺寸：148 mm × 210 mm
字　　数：150 千字
印　　张：6
版　　次：2023 年 1 月第 1 版
印　　次：2023 年 1 月第 1 次印刷
书　　号：ISBN 978-7-5666-2153-5
定　　价：58.00 元

如发现印装质量问题，影响阅读，请与本社联系。
电话：0312-5073023

出版说明

《宋鉴疏论》现收藏于日本内阁文库，是为朝鲜刊本。此书作于明代，作者不详。《宋鉴疏论》在朝鲜刊刻，是因为明朝与朝鲜王朝关系密切，朝鲜王朝一直视明朝为宗主国，明朝的史学作品、文学作品很多进入朝鲜，促进了朝鲜史学、文学上的繁荣。在李氏朝鲜时代，政府主办的官刻，始终处于整个出版业的主导地位，既是适应社会的变化，适时调整，为满足社会文化发展，也促进当时社会上重文风气的进一步发展，成为李氏朝鲜时代文化史上一大特色。朝鲜以刊刻经史典籍为主，宣扬儒家思想，巩固王权，教化百姓，大量的活字刻印本完整地保存下来。此书应是日本侵略朝鲜，从朝鲜掠夺而去，然后藏入日本内阁文库。《宋鉴疏论》印刷完整，字迹清晰，版式整洁，也彰显了朝鲜高超的印刷技术。

《宋鉴疏论》以纪传体形式并选取重要事件，简要对两宋及元世祖之后的君主事迹进行说明，此书对北宋纪事较详，对南宋宁宗以后及元朝纪事疏略。此书史料大多源于《宋史》《续资治通鉴长编》《元史》，所以大多承袭了《宋史》的一些特点，如对王安石变法的非议之论等。《宋史》编纂遵循的基本思想是程朱理学，推崇道学，所以《宋鉴疏论》对理学家着墨很多。此书着重政治史，对经济、文化等领域少有提及，其史料价值极其有限，编写此书也意在总结盛衰兴亡的历史教训，供后世借鉴。鉴于此书为日本内阁文库所藏朝鲜刊本，也是海内孤本，此次点校整理用的底本即是朝鲜刊本，至于他校用书，依托《宋史》《宋史全文》《建炎以来系年要录》《三朝北盟会编》《元史》以及宋人笔记、文集等历史文献。在点校过程中，全式标点，全部尾注；注文序号用［］形式；底本之异体字、俗体字，尽量改为规范汉字；对于因避宋讳而改字者，一一指明而不回改。

对于《宋鉴疏论》，我们知之甚少，在此点校做注，有助于初学者对宋元史有基本了解，今与王泽青、岳东云整理校注，由河北大学出版社出版，为该书的方便使用略尽绵薄之力。希望未来有学者能够对此书进行针对性研究。由于学识有限，点校之中难免有不当之处，关于本书的缺点和错误，欢迎各位读者批评指正。

目　　录

《宋鉴疏论》原文

宋太祖

太祖皇帝在位十七年，寿五十，母杜氏，生太子于洛阳夹马营，赤光满室，营中异香一月，人谓之香孩见营。[1] 太祖匡胤帅师御汉，发汴京，苗训善观天文，见日下复有一日，墨光磨荡，此乃天命也。是日，至陈桥驿，军士立匡胤为天子，黄袍已加身矣。众呼万岁，而拜匡胤，还入汴，至仁和门入，秋毫无犯。

吕中曰："颍滨谓孟子不嗜杀人之言[2]，至是又验矣。盖自后唐以来，不五十年天下五易，天人之霍乱极矣。盖其使干戈糜烂不已，而海内无一统之期哉。唐明宗有天生圣人之祝，而太祖实生于是年，则天命所归，不得指日光相荡而后知也。自其掌军政之时，士卒服其恩威，中外同于推戴，则人心所属，不待次陈桥而后见也。汉唐初具天下，不过是然；高祖之取天下，出于浦父老之请；太祖之得天下，亦出于军士之拥迫，不得已而为之，其与唐太宗陷父于不义以起兵者异矣！抑五代之乱，帝王屡易，莫非藩镇士卒也。矧又有如石守信、王审琦者为将，岂能帖然于下哉？号令之间，秋毫无犯，不惟救生灵涂炭之苦，亦可革淑季兵戈之秋，自非聪明神武而不杀者，孰能与于此哉？”

太祖还京时，韩通自禁中遑遽而归，谋御之，王彦昇杀之后，太祖旌韩通之思，遣使赈贷于诸州。太祖母杜氏曰：“天子置身亿兆之上，若治得其道，则此位可尊，苟或失驭，求为匹夫不可得，是忧也。”太祖拜曰：“谨受教。”周李筠起兵伐宋，太祖讨筠，筠走保泽州。泽州山路险，多石不可行。太祖先于马上负石，将士因争负石，即平为大道，遂入李筠城，筠赴火死。获卫融。融之被执对太祖曰：“犬各吠非其主，陛下宜速杀我，臣必不为陛下用。”太祖怒击其首，流血被面，融呼曰：“臣死所矣。”李重进，周太祖之甥也。重进反宋，宋太祖追讨，重进尽室自焚死。太祖令诸军习战舰于迎銮镇。窦仪清介重厚，故再为翰林。太祖谓赵普曰：“自唐季以来，僭窃相踵，斗战不息，生灵涂地，其故何耶？吾欲息天下之兵，建国家长久之计，其道何如？”普对曰：“陛下之言及此，天地神人之外也，此无他，方镇大重、君弱臣强而已。今欲治之，宜稍夺其权，制其钱谷，收其兵，则天下自安矣！”时石守信、王审琦等皆太祖故人，有功，典禁卫兵。普数以为言，太祖曰：“彼等必不吾叛，卿何忧之深耶！”普曰：“臣亦不忧其叛，然孰观数人者，皆非统御才，恐不能制伏其下，则军伍间万一有作孽者，彼临时亦不得自由矣。”太祖悟。一日因晚朝与守信等饮。酒酣，屏左右谓曰：“朕非卿等不及此，然天子亦大艰难，殊不若为节度使之乐，朕终夕未尝安寝也，居此位者，虽不欲为之。”守信等顿首曰：“陛下何为出此言？今天命已定，谁敢有异心？”太祖曰：“卿等固然，其如麾下欲富贵何？一旦有以黄袍加汝身，汝虽欲不为，其可得乎。”守信等泣谢曰：“臣等愚不及此，陛下哀矜，指示可生之途。”太祖曰：“人生如白驹之过隙，所以好富贵者，不过欲多积金钱后自娱乐，使子孙无贪乏耳！卿等何不释去兵权，出守大藩，择便好田宅市之，为子孙立永远不可动之业，多买歌儿舞女，日夕饮酒相欢，以终其天年。朕且与卿等约为婚姻，君臣之间两无猜疑、上下相安，不亦善乎？”守信皆谢曰：“陛下念臣等至此，所谓生死而肉骨也。”明日，皆称疾，乞罢典兵。[3]

吕氏曰：“禁卫之兵骄，方镇之权重，五代以干戈智力取之而不足，太祖以杯酒宴笑收之。而有余人徒见其权之易，不知其权之者，固有本也。封建非独弱周，周自弱也。藩镇非能亡唐，唐自亡也。使平王能复父之仇，则勤王之师诸侯毕会，天下必无春秋矣；使威烈王能正韩赵魏之罪，则齐楚诸国拱手听命，天下必无战国矣；使唐非有哲妇浊乱于内[4]，则渔阳鼙鼓必不启方镇之祸于其始，非有宦官根固于内，则贼温锋刃必不成方镇之祸于其终。太祖所以能收其权者[5]，正孟子所谓‘为政不得罪于巨室’，裴度所谓‘处置得宜，有以服其心’。不然，无故而行削国之策，岂不动七国之变哉？”

建隆二年，诏增葺学舍、祠宇，绘先圣先师之像，自谓赞，书于孔颜之座端，武臣尽令读书以知为治之道。三年，命诸州劝课农桑。年谷虽丰而民困于暴敛。乾德元年，置义仓以备凶敛给贷。

吕氏曰："天下所以四分五裂者，方镇之专地也；干戈所以交争互战者，方镇之专兵也；民之所以苦于赋繁役重者，方镇之专利也；民之所以刑苛法峻者，方镇之专杀也；朝廷命令不行于天下者，方镇之继袭也。太祖与赵普长虑，却顾知天下之弊源在乎此，于是以文臣知州，以朝官知县，以京朝官监临财赋，又置运使、置通判、置县尉，皆所以渐收其权而天下之势一矣。"

乾德三年，太祖遣伐蜀时，大雪，念将士冲冒霜雪，何以堪处？即解裘帽遣使赐全斌[6] 曰："不能编及也。"日当食不食。女真遣使贡名马。

吕氏曰："女真去京师几千里而贡马，中国之盛衰，夷狄未尝不知之也，然当阳长之时而阴稚已伏矣。宣和之遣使亦自沙门岛渡海一路。然建隆之贡马是夷狄求通于中国，宣和之遣使是中国求通于夷狄也，安得不启中原之祸？"

四年以孔子四十四代孙孔宜为曲阜主簿，奉孔子祀。亲策贤良姜涉等于紫云楼。曹彬伐蜀还，橐中唯图书、衣裳。又戢下，秋毫无犯。太祖深嘉之，爵赏彬，辞曰："征西将士俱得罪，臣何独受赏？"太祖曰："卿有茂功又不矜伐征，劝国之常典又辞焉？"[7]

李氏曰："天下无难事，亦无易事，权柄下移，则难于登天，威令既振，则易于反掌，伟哉！我太祖之具其用兵行事伐叛，吊民尤切留意于赏罚之际，王全斌、曹彬皆平蜀将帅也。彬有功无过，则擢用而不疑；全斌贪恣而致乱，则贬降而不恤，赏罚如此宜，其平定天下取五强国如摧枯朽之易也。"

吕氏曰："人言创业之初，贪可使也，愚可使也，诈可使也，苟可以办吾事而已。是不知《师》之上六：‘开国承家，小人勿用’之义也。汉高祖虽得韩、彭之力，然终受韩、彭之祸。我太祖平蜀之功，赏曹彬责全斌，任义伦而责仁赡，盖曹彬之用兵秋毫无犯，义伦东归图书数卷，而全斌、仁赡之功不足以赎其贪酷之罪。爱民之仁，御将之术，两得之矣。”

三月五星聚于奎。

吕氏曰：“以五代云雾昏曀之久，所以启我宋尺日开明之，夫天降时雨，山川出云。国家将兴，必有休祥，然五星固大平之象，而实重启斯文之兆也。当是时师鲁、明伤之经未出，安定、湖学之说未行于西北，伊洛、关中之学未盛于天下，而文治精华已露于立国之初矣。”

开宝元年，太祖召董遵诲曰：“卿尚记襄日紫云墨龙之事乎?”注曰：太祖微时，客游汉东，依宗本，遵诲凭借父势尝侮之。一日谓太祖曰：“每见城上有紫云如盖，又梦登高台遇黑蛇，俄化龙飞腾去，雷电随之，是何祥也?”太祖不答。是谓：“紫云之祥，龙化之梦也。”宗本，遵诲父也。

开宝二年五月，诏诸州狱吏恤狱囚。太祖以暑盛诏，五日一扫洒，狱户洗涤杻械，贫者给食，病者给药，小罪即决，以为常。

开宝三年，太祖征处士王昭素，问以治世养身之术，对曰：“治世莫若爱民，养身莫若寡欲。”太祖爱其言，书于屏兀。五年禁民铸钱为佛像。五月大雨，河决。太祖焚香祷天，又放宫人三百八十人以躬灾。

吕氏曰：“创业之君，后世所视以为轨范也；宫闱之地，四方所视以为仪刑也。一人之奢俭者虽微，而关于千万世者为甚大；致勤于眼色者虽小，而关于千万里者为甚远，可不谨哉！”

八年，曹彬围唐，唐主李煜，遣徐铉贡方物，上表求缓。铉言于帝曰：“煜以小事大如子事父，奈何见伐？”帝曰：“尔为父子为两家可乎？”铉不能对，后复言于帝曰：“乞缓师，以全一邦之命。”帝怒曰：“不须多言，江南亦有何罪？但天下一家，卧榻之侧，岂容他人酣睡耶？”

吕氏曰：“自古平乱之主，其视降主不啻仇雠，而太祖待之，极其恩礼。刘 卮酒饮之，释疑李煜一门，戒无加害，故僭伪之豪，悉得保全老死。牖下自古攻取之，主其视生民，殆若草菅；太祖待之，曲加存抚。江南兴师不戮一人，平蜀多杀，每以为恨故新集之众，不啻如赤子之仰父母仁心仁闻，三代而下未之闻也。”

江南□平，逾年而帝已晏驾，惜哉。帝之即位也，深思天下。自唐末以来生民涂炭，已知命朝臣出为知县，所以革藩镇骄纵之弊也；又择诸道骁勇兵入补禁卫，所以收方镇之兵也；又从容杯酒之间解石守信、王审琦等兵权，痼疾一朝而解矣。其于削平僭乱也。亲征李筠而泽潞平，亲征李重进而淮南定，王师所至，势如破竹，考其命将之辞曰：“毋得侵暴。”曰：“切勿暴掠生民。”对捷奏以曰：“宇县分割，民受其害，攻城之际[8]，必罹锋刃者[9]，实可哀也，大哉！”王言一哉，王心真天地、父母之为量者矣[10]，岂区区土宇版章之归而已哉？且其重儒术也，数幸国子监亲赞孔颜[11]，谓须用读书人为宰相，而武臣欲令读书。其取士也[12]，复拔萃之科，严复试之法[13]；其制兵也，置剩员以退处兵，亲临讲武殿以阅习；其理财也[14]，置封椿库，收市舶利[15]，禁羡余之献[16]；其爱民也，临御之初[17]，遣使诸州，赈贷分诣城南赐饥民粥[18]；其劝课农桑也[19]，诏长吏劝课[20]；其恤狱也，定大辟，复奏之法，以暑气命诸州狱吏洒扫洗涤[21]；至于抑奢侈[22]，废州班直碎七宝器物，戒公主勿饰绣翠，尝出麻缕布裳赐左右曰："此我旧所服用也。"[23] 且常服之衣□灌至再又曰："朕夙夜畏惧，防非窒欲，庶几以德化人之义。"[24] 朱子称太祖不为言语文字之学，而方寸之地，正大光明，直与尧舜之心合诚哉。[25] 是言矣，至于遵母教不以私其子，竟以私其弟，孝友之道又何以加于此哉?[26] 无问然矣。[27]

宋太宗

太宗。太祖弟在位二□□□□□□□□□□□好文守成，灭北汉天下复归于一统。可谓有□□□□□□□□□□□太平兴国五年，定差役法□□□□□□□光等。□四等充役，下五等免，帝欲取燕蓟，张齐贤上疏，其略曰："圣人举事[28]，动在万全。百战百胜，不若不战而胜。若重之谨之，戎虏不足吞，燕、蓟不足取。自古疆场之难，非尽由戎狄[29]，亦多边吏扰而致之。若缘边诸寨抚御得人[30]，但使峻垒深沟[31]，畜力养锐[32]，以逸自处，宁我致人，所谓择卒未如择将[33]，任力不及任人。如是则边鄙宁，而河北之民获休息矣[34]。臣又闻家六合者以天下为心，岂止争尺寸之土，角戎狄之势而已？是以圣人先本而后末，安内而养外。是知五帝三王未有不先根本者也。尧舜之道无他，广推恩于天下之民尔。推恩者，在乎安而有利之。民既安利，则戎狄敛衽而至美。"[35]

雍熙元年，帝谓侍臣曰："教化之本，治乱之源，苟无书籍，何以取法?"乃诏募中外书。上谓宰相曰："刺史之任，最为亲民。苟非其人，民受其害。昔秦彭守颍州，教化大行，多境内瑞。"宋琪曰："秦彭一郡守，政善而天应之若此，况君天下者乎?"[36] 上赐华山，陈抟号希夷先生，抟唐长兴中进士不第，遂不干禄，以山水为乐，因服气辟谷，日饮数杯而已。每寝处百余日不起，至是入朝，上曰："抟独善其身，不干势利，所谓方外之士也。"宋琪问抟曰："先生得玄默修养之道，可以教人乎?"抟曰："抟山野之人，于时无用，亦不知神仙黄白之事，吐纳养生之理，非有方术可传。今圣上龙颜秀异，有天人之表，博达古今，深究乱治，真有道仁圣之主也。正君臣协心同德，兴化致治之秋。"琪以其语白帝，重之，赐号，放还华山，寻卒。[37] 赐京师大酺三日，诏曰："王者赐酺，推恩与众共乐，所以表升平之盛事，契亿兆之欢心。"二年四月，宴群臣于后苑，赏花赋诗。端拱元年正月，帝耕籍田赦。帝谕赵普曰："卿勿以位高自纵，勿以权势自骄。但能谨法度，举贤能，明赏罚，弭爱憎，何忧不治。古人耻其君不如尧舜，卿其念哉。"一年四月，不雨，遣使决狱，诸州是夕雨。慧出东井，帝避正殿。八月，大赦。是夕，慧灭。二年，时连岁旱蝗。是年，尤甚。帝手诏宰相曰："朕自焚以答天谴。"翌日，大雨，蝗死。时寇准奏事，帝怒起，引帝衣请坐，决事乃退，上嘉之，曰："朕得准，犹文皇之得魏征也。"[38] 及旱蝗，帝诏近臣问以得失，众以天数对，准曰："《洪范》天人之际，应若影响，大旱之证，盖刑有所不平也。"[39] 三年，置常平仓于京师。太宗崩。四明陈氏曰："太宗深沉英断，勤俭纳谏，悯农慎刑，好学重儒，故能削平海内，功业炳然，遇灾知惧，过举能悔。是以民躬而不怨，兵罢而能战。若夫太祖之崩不逾年而改元，涪陵、武功之不得其死，宋后之不成丧，后世不能元讥焉。”

宋真宗

真宗皇帝。太宗次子，在位二十五年，寿五十五。宽仁慈爱，有帝王之量，然好奉道教，信惑异说。于是，天书屡降，神道设教，制作纷纷矣。契丹入寇，而佞臣献幸蜀之策□寇准之忠几于亡国。

咸平元年，有星孛于营室。诏求直言，又彗出，诏求直言，避殿减膳，释杖罪，彗灭。遣使按吏民逋负天下，悉除之。于是，除天下逋欠一千余万，释囚三千余人，始用王钦若之言也。钦若、丁谓皆小人也。然钦若则请蠲负释囚，而改节易行矣。故当时知二子之奸者，王旦、李沆而已。李沆□□治道所宜先问之，曰："不用浮薄新进喜事之人。"又对："佞言似忠，奸言似信。"帝曰："奸邪之迹，虽难辨，久之自败。"[40] 李沆无密启。[41] 契丹耶律休哥每战胜让功诸将，未尝杀一无辜。曹彬为宋良将第一。四年，诏举贤良方正，直言极谏者。六月，诏赐九经于州县学校。五年，诏终南隐士仲放为司谏，直昭文苑。六年，帝命陈恕条具中外钱谷以闻，恕久不对，帝趣之。恕对曰："陛下富于春秋，若知府库充实，恐生侈心，是以不敢进也。"[42] 除天下逋租蠲物八万三千，释系囚四千一百六人。景德元年，李沆卒。沆常读《论语》，或闻之，沆曰："沆为宰相，如《论语》中'节用而爱人，使民以时'。尚未能行圣人之言，终身诵之可也。”及卒，帝惊恸曰：“沆为大臣，忠良纯厚，终使如一，岂意不享遐寿耶?”[43] 沆公退，终日危坐，未尝跛倚。治第封丘门内[44]，听事前仅容旋马[45]。是岁，契丹入寇，数败，请盟。寇准不许，欲伐。帝乃许其成议，岁□百万，准乃以不过三十万而定和，南朝为兄，北朝为弟，□□解兵归。自是南北弭兵，寇准之力也。初，帝举汉以玉帛赐单于，事欲赂契丹，寇准不□□，画策以进曰：“如是，则可保百年无事，若赂之，则数十年戎且生心矣。”寇准之许和不得已也。论曰：“南北弭兵，是乃寇准画策，欲百年无事之计。而□其言获用，不惟无景历之悔，亦无靖康之祸矣。靖康之役亦景德之役，□之也。景德不战而和，欲和者，虏也。其后使靖康虏人深入而议，割吾之三镇，犹纵虏不追，准之言至是验矣。四年，淮蔡间麦斗十钱，米斛三百钱。大中祥符间，君臣皆以天书为祥，独孙奭言于帝曰：“臣闻天何言哉，岂有书哉?”以寇准知天雄军。

吕氏曰：“当寇准之主亲征也，恐钦若有以沮其议，则出于天雄军。及钦若之用国事也，恐寇准之有以夺其议，则亦出于天雄军。然君子在朝廷，则朝廷重；在边郡，则边郡重。此寇公所以起虏使敬畏之心也。帝如曲阜拜文宣庙，谥孔为玄圣文宣王，父叔梁纥齐国公，母颜氏鲁国太夫人，妻并官氏为郓国夫人。

二年，时上将有事于汾阴而岁旱，孙奭上疏曰：“陛下东封才毕，又议西幸，非先王卜征五年重谨之意。今国家土木之功，累年不息，水旱作诊，饥馑居多，乃欲劳民事神，神其享之乎?”又群臣争奏祥瑞，奭上言：“方今野雕山鹿，并行奏简，秋旱冬雷，率皆称贺。将以欺上天，则上天不可欺；将以愚下民，则下民不可愚；将以惑后世，则后世不可惑矣。夫国将兴听于民，将亡听于神，陛下何以不思也?”上不从。[46]

四年，诏州城作孔子庙。五年，寇准虽有重名，□□□□，宴游齐贤，倜傥任情。惟向敏中尽心民事，上尤嘉之，使复相。诏杭州隐士林逋赐粟帛，死谥和靖先生。孔子改谥为至圣文宣王。九年六月，蝗飞翳空[47]，上以连岁，旱蝗问翰林学士李迪，何以济之？迪言：“陛下土木之役过甚，旱蝗之灾，殆天意以惊陛下也。”帝深然之。[48] 于是，帝停京城工役，禁举乐，罢诸营造，禁天下贡瑞物，督诸路捕蝗，即俱雨，蝗散。青州飞蝗赴海死，积海岸百余里。天禧元年，王旦卒。按王文正之硕德重圣，可谓贤矣。然受美珠之赐，议天书之诞而不谏，至死而不能以正自终，议老至以失节，冯道为此惜哉。是故君子不可以不明乎大学之道，求至于是而已。曾参[49] 临终而易箦，曰：“吾得正而毙焉斯已矣。”后之君子可不慎诸。仁宗即位，赐诸州给田十顷，以为学粮。新安胡氏曰：“反复真宗首末论之，景德以前，足为继世之贤君。祥符以后，不过为骄诬上天之主矣。”

吕氏曰：“景德以前之相，吕端、张齐贤、李沆、吕蒙正、毕士安、寇准、王旦皆君子，而沆之贤为最。祥符以后之相，王钦若、陈尧叟、冯极、丁谓皆小人，而钦若之奸邪为最。虽有向敏中、李迪二贤，已不逾时而去矣。吁以数君子成之，不见其有余，以一小人败之，不见其不足。相道有关于君德之成败，如是矣。”

宋仁宗

仁宗皇帝。在位四十五年，寿至五十四，真宗子也。

天圣元年，寇准卒，归葬西京道。出荆南，公安县人设祭于路，扴竹植地，挂纸钱逾月，枯竹生笋，众因为立庙，号竹林寇公相。五年，孙奭画书无逸为图，以进帝，命施于讲读阁下。契丹主卒，太子真宗立，群臣上言改元，契丹主曰："改元，吉礼也。居丧，行吉礼，乃不孝也。"群臣曰："古之帝王以日易月，宜法古制。"契丹主曰："宁违古制，不为不孝之人。"终制三年，是乃宋天圣九年也。明道二年二月，上耕籍田，大赦。皇后郭氏废，郭氏以妒心批上颈，上大怒，以爪痕示执政而废黜。于是，中丞孔道辅率谏官十人伏奏，又语吕夷简曰："大臣之于帝后，犹于子事父母也。父母不和，可以谏止，奈何顺父出母乎？"夷简曰："废后有汉、唐故事。"道辅□范仲淹曰："光武失德，何足法也？自余废后，皆前世昏君所为，人臣当道，君以尧舜[50]，岂得引汉唐失德为法耶？"于是，诏道辅、仲淹远贬。[51] 庆历元年，诏天下立义仓。李氏曰："前非谓读国史至富郑公奉使一事，未尝不私切倦倦也。方契丹拥重兵压境[52]，使者之来，词义悖慢，择所报聘，无敢行者，独郑公毅然请往。入对使殿[53]，忠激于心，义形于色，仁祖亦为之改容，乃单车入不测之虏庭。诘其君，折其口而服其心，无一语少屈。郑公所以能为是者，人皆谓其博洽多闻之功，余独有取于入对便殿之数语，壮矣哉'主忧臣辱，臣不能爱其死'之言，凛凛乎与秋霜烈日争严。推是心也，事求其必济，功求其必成，虽鼎镬在前而有所不避，虽甘言重币而有所不能诱。呜呼，古之良使，何以加诸?”[54] 三年，帝剪发赐吕夷简疗疾。是年，以蔡襄、欧阳修、王素知谏院，余靖为右正言，襄喜言路开，而虑正人难久立也。乃上疏曰：“任谏非难，听谏为难；听谏非难，用谏为难。修等三人忠诚正直，必能尽言，臣恐邪人不利正谏，必造为御之之说，殿下察之。”

欧阳修进《朋党论》曰：“君子以同道为朋，小人以同利为朋，皆自然之势也。然小人无朋，惟君子则有之，盖小人所好者，禄利；所贪者，财货。当其同利之时，暂相党引以为朋者，伪也。及其见利而争先，或利尽则反相贼害，虽兄弟不能相保。君子则不然，所守者道义，所行者忠信，所惜者名节。以之修身，则同道而相益；以之事国，则同心而共济；终始如一。故为君者，但当退小人之伪朋，用君子之真朋，则天下治矣。”修论事切直，人视之如仇，帝独奖其敢言，谓侍臣曰：“如欧阳修者，何处得来?”

帝罢竦而用杜衍代之，蔡襄言于帝曰：“陛下罢竦而用韩琦、范仲淹，士大夫贺于朝，庶民歌于路，且退一邪，进一贤，岂能开天下轻重哉? 盖一邪退则其类退，一贤进则其类进，众邪并退，众贤并进，海内有不泰乎！虽然，臣窃忧之[55]。天下之势，譬犹病者[56]。陛下既得良医矣，信任不疑，非徒愈病，而又寿民。医虽良术，不得尽用，则病且日深，虽有和扁[57]，难责效矣。”[58] 国子监直讲石介，乐善嫉恶，以□□义□□贾昌朝、韩琦、范仲淹、杜衍同时登用[59]，而欧阳修、蔡襄、王素、余靖并为谏官。夏竦既罢，因大喜曰：“此盛德事也，歌颂吾职，其可已乎?”作《庆历圣德诗》，有曰：“众贤之进，如茅斯拔，大奸之去，如距斯脱。”欧阳修请立按察之法，州县官吏公廉无状，皆以朱书于名下，其中材之人以墨书之，岁具官吏能否以闻。

范仲淹上《十事》曰：“明黜陟，抑侥幸，相贡举，择长官，均公田，厚农桑，修武备，推恩信，重命令，减徭役。”天子信向仲淹，悉用之。富弼见帝曰：“契丹既结好，议者便谓无事，万一败盟，臣死且有罪。愿陛下思其轻侮之耻，坐薪尝胆，不忘修政。”韩琦陈七事曰：“清政本，念边计，擢才贤，备河北，固河东，收民心，营洛邑。”又陈救弊八事曰：“选将帅，明按察，丰财利，遏侥幸，进能吏，退不才，谨入官，去冗食。”上嘉纳之。又陈四策，以为：“今当以和好为权宜，战守为实务。请缮甲厉兵，营修洛都，密定讨伐之计。”四年，诏天下郡县立学。四年，作太学，谒孔子。初，海陵人胡瑗为湖州教授，训人有法，科条纤悉，以身率先。虽盛暑，必公服坐堂上，严师弟子之礼。时方尚词赋，湖学独立经义治事斋。及兴太学，诏曰：“下湖州取其法著为令式。”[60]

五年，欧阳修上疏曰：“杜衍、范仲淹、韩琦、富弼，天下皆知其可用之贤，而不闻有可罢之罪。正士在朝，群贤所忌，谋臣不用，敌国之福也。”群邪忌修亦左边。

皇祐三年，诏自今勿献瑞物，知无为军茹孝标献芝草三百五十本，上曰：“朕以丰年为瑞，贤臣为宝，木草虫鱼之异，何之尚哉。”免孝标罪。

殿中侍御史唐介论张尧佐不当职，力争之。上怒，远窜，介曰：“臣忠愤所激，鼎镬不避，何辞于谪。”遂贬介英州别驾。待制李师出以诗送，云：“孤忠自许众不与，独立敢言人所难。

去国一身轻似叶，高名千古重于山。并游英俊颜何厚，未死奸谀骨已寒。天为吾皇扶社稷，肯教夫子不生还?”介之英州行，□家渡淮，中流风波大浪舟中人忠不免鱼腹。介兀坐舟中，吟诗云：“圣宋非狂楚，清淮异汨罗。平生仗忠信，今日任风波。”及渡，众皆欣欣。公憩旅亭，又吟诗云：“舟楫颠危甚，鱼龙出没多。斜阳幸无事，沽酒听渔歌。”

吕氏曰：“先儒论本朝人物，以仲淹为第一。观其所学，必忠信为本；其所志，则先天下之忧而忧，后天下之乐而乐；其有所为，必尽其力，曰：‘为之自我者当如是，其成与否，有不在我者，虽圣贤不能必。此诸葛武侯不计成败利钝之诚心也’；观其论，上寿之仪[61]，虽晏殊有不能晓。宽仲约之诛，虽富弼有所不能知。而十事之规模，虽张方平、余靖之诸贤有所不能识。仁宗晚年欲大用之，而范公已即世矣，岂天未欲平治天下欤?”

至和二年，以赵抃为殿中侍御史。抃弹劾不避权势，京师目为“铁面御史”。

嘉祐元年，中知谏院范镇□□太子，上不从，上疏曰：“置谏官者，为宗庙社稷计也。谏官而不以宗庙社稷计事陛下，是爱死嗜利之人，臣不为也。又昔太祖舍其子而立太宗，天下之大公也。真宗养宗子于宫中，天下之大虑也。愿以太祖之心，行真宗故事。”帝不允，曰： “奈何效希名干进之人。”镇曰：“比天象见变，当有急兵，镇义当死职，不可死乱兵之下。此乃镇择死之时，尚何顾希名干进之嫌哉?”凡十九上言，待命百余日，头发皆白。[62] 诏置明经科。张昇言：“今陛下之臣，持禄养望者多，赤心谋国者少。”五年，抚州临川人王安石议论高奇，慨然矫世变俗之志。于是，上万言书曰："其大要以为，今天下之财力日以困穷，风俗日以衰坏，患在不知法度，不法先王之法故也。法先王之政，法其意而已。法其意，则吾所改易更革，不至乎惊骇天下之耳目，嚣天下之口，而合先王之政矣。因天下之力以生天下之财，取天下之财以供天下之费，自古治世，未尝以财不足为患也，患在治财无其道耳。"先是馆阁之命屡下，而安石辄辞不起，朝廷每患其不就列也。至是赴三司度支判官，闻者喜悦。安石变法之蕴，略见于此书。其学不用于嘉祐，尽用于熙宁，世道升降之机如此。六年，富弼以母丧去位，诏起复。弼固辞终制，且曰："起复金革之变乱，不可施于平世。"上许之。日食，当食六分之半，群臣欲贺。尚书礼部司马光曰："日之所照，周遍华夷。云之所蔽，至为近狭，虽京师不见，四方必见。食不满分者，乃历官术数之不精。当治其罪，非所以贺也。"以司马光知谏院，光以二札子上殿其一论《君德》[63]："切惟人君大德有三：曰仁，曰明，曰武，仁者，非妪煦姑息之谓也。兴教化，修政治，养百姓，利万物，此人君之仁也；明者，非烦苛伺察之谓也。知道义，识安危，别贤愚，辩是非，此人君之明也；武者，非强亢暴戾之谓也。惟道所在，断之不疑，奸不能惑，佞不能移，此人君之武也。故仁而不明，犹良田而不能耕也；明而不武，犹视苗之秽而不能耘也；武而不仁，犹知获而不知种也。三者兼备则国治强，缺一焉则衰，缺二焉则危，三者无一焉则亡。臣切见陛下天性慈惠，谨微接下，子育元元，泛爱群生。[64] 虽古先圣王之仁，殆无以过。然自践祚以来垂四十年，朝廷纪纲犹有亏缺，闾里穷民犹有怨叹。意者群臣不肖，不能宣扬圣化？将陛下之于三德，万分之一亦有所未尽欤？臣伏见陛下推心御物，端拱渊然[65]，群臣各以其意有所敷奏，陛下不复询访利害，考察得失，一皆可之。诚使陛下左右前后股肱耳目之臣皆忠实正人，则如此至善矣；或有一奸邪在焉，则岂可不为之寒心哉？圣陛下以天性之至仁，廓日月之融光，奋乾刚之威德，善无威而不录，忠无细而不诛，则唐虞三代之隆何远之有！”其二论，御臣曰：“致治之道无他，在三而已：曰‘任官’，曰‘信赏’，曰‘必罚’。国家御群臣之道，累日月以进秩，循资涂而授任。苟日月积久，则不问其人之贤愚而置高位；资途相值，则不问其人之能否而居重职。非特如是而已，国家采名不采实，诛文不诛意。夫以名行赏，则天下饰名以求功；以文行罚，则天下巧文以逃罪。陛下诚能博选在位之人，使有德行者掌教化；有文学者待顾问；有政术者为守令；有勇略者为将帅。有功则增秩加赏，而勿徙其官；无功则降黜废弃，而更求能者；有罪则流窜刑诛，而勿加宽贷。如是而朝廷不尊，万事不治，百姓不安，四夷不服，臣请伏面欺之诛。”其三论拣军言：“养兵之术，务精不务多。”上以其一留中，其二送中书，其三送枢密院。戒拣军官又曰：“赦书害多而利少，非国家之善政也。汉吴汉曰：‘臣死无所言，愿陛下无赦而已。’王符亦曰：‘今日贼良民之甚者，莫大于数赦，蜀人称诸（葛）亮之贤，亦曰军旅屡兴，而赦不妄下。然则古之明君贤臣未尝以赦为美也。’”又进五规，一曰“保业”，其略云云；二曰“惜时”，其略曰：“《易》曰：‘泰极则否，否极则泰，丰亨宜日中。’孔子曰：‘日中则昃，月盈则食。圣人当国家隆盛之时，则戒惧微甚，故能保其令闻永久无疆’”；三曰“远谋”，其略曰：“《诗》云：‘迨天之未阴雨者，国家闲暇，无灾害之时也；彻彼桑杜者，求贤于隐微也；绸缪牖户者，修敕其政治也’”；四曰“谨微”，其略曰：“宴安怠惰肇荒淫之根，奇巧珍玩发奢泰之端，甘言悲辞启侥幸之途，附耳屏语开馋贼之门，不惜名器导僭逼之源，假借威福授陵夺之柄”；五曰“务实”，其略曰：“夫安国家利百姓仁之实也，辨贵贱立纲纪礼之实也，保国绪传子孙孝之实也，和上下亲远迩乐之实也，决是非明好恶政之实也，诘奸邪禁暴乱刑之实也，察言行试政事求贤之实也，量才能课功状审官之实也，选勇果习战斗治兵之实也。实之不存，虽文之盛美无益也。”

八年，帝崩。仁宗可谓至仁之主，大辟疑必谳，上所活岁以千计，语近臣昨因不寐而饥，思食烧羊。曰：“何不取索?”曰：“恐遂为例，可不忍一夕之饥，而启无穷之杀。”或献蛤蜊二十八枚，枚千钱，曰：“一下箸费二十八千，吾不堪也。”苏辙制策言过直，或请黜之，曰：“求直言，而以直弃之，天下谓何?”又好学崇儒扶植斯道，上承一祖二宗之心，下开濂洛道学之懿，充为盛美，又谓侍臣曰：“朕盛暑未尝少倦，但恐卿等劳耳，与经筵时也，若帝者存心制治，粹乎无以议矣，白璧微瑕，其郭氏之事乎。”

吕氏曰：“国家之有天下，强不如秦，富不如隋，形势不如汉，土地不如唐，所恃者人心而已。太祖肇之[66]，太宗、真宗培之，至我仁祖四十年，深仁厚泽。刑以不杀为威，财以不蓄为富，兵以不用为功，人材不作聪明为贤，以宽厚待民，以恩礼待士，以至诚待夷狄，此苏忠公谓社稷长远终必赖之者，诚确论也。”

宋英宗[67]

英宗。仁宗养以宫中，立为太子。[68] 优礼大臣，爱民好儒，是为良主，在位四年，寿三十六。

治平元年，放宫女三百二十五人，从司马光之心也。封韩琦为魏国公，琦请皇后撤帘还政。

吕氏曰："当国家危疑之日，大臣以能任事者，一曰德望，二曰才智。有才智而无德望以镇之，则未足以服天下之心。有德望而无才智以充之，则未足以办天下之事。故曰：'可以托六尺之孤、可以寄百里之命，临大节而不可夺。'"韩琦不动声色，垂绅正笏而措天下于太山之安者，盖自庆历、嘉祐之时，可属大事，重厚如勃，其德望服人心久矣[69]。至于处事应变[70]，胸中才智又以是运用天下[71]，此其所以正英宗之始欤？[72] 在真宗之初则有吕端，在仁宗之初则有王曾，其皆安国家、定社稷之名臣欤？[73] 九月复武举。议崇奉濮安懿王典礼。初知谏院司马光预□□□□□□□□□□□□后终不追尊卫太子史皇孙光武上继元帝□不进矩鹿□□□兴万世法也。韩琦等奏议典礼，诏大祥后议，至是诏下议之，司马光□圣曰："不可。"因陈便宜之议，翰林学士王珪等以光议奏曰："先王制礼，尊无二上，若恭爱之心分于彼，则不得专于此。是以秦、汉以来，帝王有自旁支入承大统者，或推尊父母以为帝后者，见非当时，取议后世，臣等不敢引以为圣朝法。仁宗年龄未衰，深惟宗庙之重，祗承天地之意，于宗室众多之中，推圣明，授以大业。濮安懿王虽于陛下有天性之亲，顾复之恩，然陛下所以负扆端冕，富有四海，子子孙孙万世相承，皆先帝德也。”参知政事欧阳修引《丧大记》，以为：“‘为人后者，为其父母服。’降三年为期，而不没父母之名，以见服可降而名不可没也。若本生之亲，改称皇伯，无典据。”[74] 诏博求典故以闻。八月，京师大水，坏官私庐舍，漂人民畜产，不可胜计。诏开西华门，以泄宫水。诏求直言，司马光上疏曰：“陛下即位以来，灾异甚众，日有黑子，江淮之水或溢或涸，去夏霖雨，涉秋不止，中外庐舍沉于深渊，浮苴栖于木末，老弱流离，捐瘠道路，积尸成丘。既而历冬无雪，暖气如春，草木早荣，继以黑风。今夏疫疠大作，弥漫数千里。至秋幸而丰熟，未及收获，而暴雨大至，一苗半穗荡无孑遗，都城之内，道路乘桴，官府民居覆没殆尽，死于压溺者不可胜纪。陛下安得不侧身，恐惧思其所以致此之咎乎？且陛下知人之贤不能举，知人不肖不能去，知事之非不能改，知事之是不能从，或非材而骤进，或有罪而见宽此，天下所以失望也。”

三年，诏立濮安懿王园庙，以王子为汉国公[75]，主祠事。新安胡氏曰：“欧阳修畅议以误韩琦，韩琦主议以误天子，始于讲学不明，终于执以私意。可胜惜哉！善乎！”吕氏之论曰：“以礼考之称，亲固非矣，称伯亦未安也。”程子曰：“为人后者，谓其所后者为父母，而谓其所生者为伯叔父母，此天地之大义；生人之大伦，不可得而变易也。然所生之义，至大至尊，虽当专意于正统，岂得尽绝于私恩？是以先王制礼，既降其服以正统绪，然不以正统之亲踈而皆为齐衰[76]，期以别之，则所以明其至重而与诸伯叔不同也。”观程子之言，则欧阳修称亲之义，其失礼固已甚矣。而称伯叔又不能推其所生之至恩，以明尊崇之正礼，乃欲奉以高官大爵，但如期亲等属故事，则亦非至当之论也。要当揆量事体，别立殊称，若曰“皇伯父”“某国大王”，而使其子孙袭爵奉祀，则于大统无嫌疑之失，而在所生亦极尊崇之道矣。呜呼！当时无有能明此义者，遂使欧、韩之执见不可复回。卒陷其君上不孝于先帝，次不孝于濮王，可胜惜哉！

四月，命司马光编历代君臣事迹，光奏曰：“上自战国，下至五代，正史之外，旁采他书，凡关国家之盛衰，生民之休戚，善可为法，恶可为戒，帝王所宜知者，固非愚臣所能独修。”于是，诏以刘恕、刘攽同修。

四年，帝崩。英宗使后世钦仰高风，咏叹至德，何其盛哉！[77]

欧阳修罢，修既以议濮王典礼为吕诲所诋，至是力求退，知亮州。得唐韩愈遗稿，读而心慕之，遂以文章名冠天下。

吴奎对帝之问曰：“王安石所为污阔，万一用之必紊纲纪矣。”司马光上疏论心术之要，三曰：“仁”“明”“武”；治国之要三曰：“官人信”“赏必罚”，且曰“臣获事”。三朝皆以此六事献平生力学，所得尽在是矣。韩琦对帝之问曰：“王安石为翰林学士则有余，处辅弼之地则不可。”琦识量英伟，临事喜愠不见于色，居相位再决大策，以安社稷，处危疑之地，知无不为。或曰：“公所为诚善，万一蹉跌[78]，身不自保，家无处所。”琦叹曰：“是何言耶。人臣当尽力事君死生以之，至于成败天也，岂可预忧其不济。”遂辍不为哉，闻者愧服。与富弼并着勋业，故时称贤相者必曰富韩。

宋神宗

神宗。英宗长子，在位十八年，初砺精求治，勤俭大有为也，然惑于安石党变法，纷纷用兵西北，卒无成功，志大而才小故也。

熙宁元年，帝问为治所先，王安石对曰："择术为先。"上曰："唐太宗何如?"曰："陛下当法尧舜，何以太宗为哉? 尧舜之道，至简而不烦，至要而不迂，至易而不难，但末世未能通知，以为高不可及耳。"[79]

冬，有事于南郊，群臣以国用不足争不可，王安石曰："国用不足者，以未得善理财故也。"司马光曰："善理财者不过头会箕敛甭。"安石曰："不然，善理财者不加赋而国用足。"光曰："天地所生财货百物，不在民则在官，彼设法夺民，其害乃甚于加赋，此桑弘羊欺武帝之言。"争议不已。[80]

二年，帝以灾变，彻乐减膳。王安石曰："灾异皆天数，非关人事得失所致。"富弼闻之叹曰："人君所畏者天耳，若不畏天，何事不可为。"[81]

胡氏曰："《春秋》非五经比也。"洚水警予"与"凤凰来仪"，并载于《虞书》，"大木斯拔"与"嘉禾合颖"同垂于周史，《春秋》不书祥瑞而尽书灾异，史外传心之要典也。自安石以《春秋》为腐烂朝报，经筵不以进讲，科目不以取士。驯至崇观之间，奸臣用事，一卉一木之异指为嘉瑞，天地灾变，隐而不言。是与《春秋》正相反也。"胡氏之论攻安石学术之乱天下也。

帝问安石："卿所施设以何为先?"对曰："变风俗，立法度，当今之所急。"上纳之。[82]

立制置三司条例司议行新法，以安石领事，安石言："昔周置泉府之官，以榷制兼并，均济贫乏，变通天下之财，后世唯桑弘羊、刘晏粗合此意。学者不能推明先王之法，以为人主不当与民争利，今欲理财，则当修泉府之法，以收利权。"帝纳之。先是治平中，邵雍与客散步天津桥上，闻杜鹃声，不乐。客问其故，雍曰："洛阳旧无杜鹃，今始至，天下将治地气自北而南，将乱自南而北，今南方地气至矣，禽鸟飞类得气之先者也。不二十年，上用南士作相，多引南人，务专变更，天下自此多事矣。"至是雍言验矣。[83] 时安石与刘恕友，安石欲与同术，恕辞曰："天子方属公大政，宜恢张尧舜之道以佐明主，不应以利为先。"安石绝之。

唐介卒，介愤安石术，疽发背卒。[84]

诏刘彝等八人察役赋于天下。苏辙请免官户，且云："窃恐掌财者必有盗用之，奸捕盗者必有窜逸之弊。"

罢御史吕诲。初，王安石执政，人多以为得人。独吕诲曰："安石轻信奸回，喜人佞已，听其言，则美施于用，则踈置诸宰辅，天下必受其祸。"上疏曰："大奸似忠，大诈似信，安石外示朴野，中藏巧诈，诚恐陛下悦其才辩，久而倚毗，情伪不得知，邪正无复辨，大奸得路，群阴彙进，则贤人尽去，乱由是生。臣究安石之迹，徒文言而饰非，将罔上而欺下，臣窃忧误天下苍生，必斯人也。"[85] 诲三居言职，始论陈旭，次论欧阳修，后论王安石，允三见黜，人推其鲠直。

翰林学士郑獬不肯行新法，安石罢之。御史孙昌龄论新法，故贬。

罢国子监范纯仁。初，纯仁奏言王安石变祖宗之法度，掊克财利，民之心不宁。《书》曰："怨岂在明，不见是图。"帝曰："卿善论事，宜为朕条陈古今治乱，可为监戒者。"遂作尚书，解以进曰："其言皆尧舜禹汤文武周公之事也，治天下者，无以易此，愿深究而力行之。"又论均输法曰："臣尝亲奉德音，欲修先王补助之政，今乃效桑弘羊均输之法，而使小人为之，掊克生灵敛怨生祸，安石以富国强兵之术，启迪上心，欲求近功，忘其旧学，尚法令则称商鞅，言财利则背孟轲，鄙老成为因循，弃公论为流俗，异己者为不肖，合意者为贤人。"言恳切，上不听，遂求罢。时执政曰："勿轻去。"纯仁曰："此言何为？言不用，万钟非所顾也！"

以程颢为监察御史。颢，河南人，初举进士，调晋城令，民以事至县者，必告以孝悌忠信，度乡村远近为五保，使之力役相恤，而奸伪无所容，行旅出于其途者，疾病皆有所养，乡必有校。暇时亲至，召父老与语。儿童所读书，亲为正句读，择弟子之秀者而教之。乡民为社会，为立科条，旌其善恶，使有劝耻。在县三年，民爱之如父母。至是，吕公著荐为御史。帝素知其名，数召见，颢前后进说甚多，大要以正心窒欲，求言育材为言，务以诚意感悟人主。常劝帝防未萌之欲及不轻天下士，帝俯躬曰："当为卿戒之。"

罢条例司苏辙。

立常平给敛法。苏辙曰："此青苗法也。"辙曰："以钱贷民，使出息二分，本以救民。然出纳之际，吏缘为奸，虽有法不能禁。钱入民手，虽良民不免妄用，及其纳钱，虽富民不免逾限。如此，则恐鞭箠必用，州县之事不胜烦矣。唐刘晏掌国计，未尝有所假贷。曰：‘使民侥幸得钱，非国之福。使吏倚法督责，非民之便。有贱必籴，有贵必粜。以此四方无甚贵甚贱之病。’晏之所言，汉常平法耳。”安石由是而止。会京东转运使王广渊言方春农事而民苦乏，兼并之家，得以乘急要利，乞留本道钱帛贷贫民，得息其事与青苗法合，于是决意而行之。

富弼罢。弼常言：“君子与小人并处，其势必不胜。君子不胜，则奉身而退，乐道无闷。小人不胜，则交结构扇，千歧万辙，必胜后已；迨其得志，遂肆毒于良善，求天下不乱得乎。”

知青州郑獬乞罢，从之。獬言：“青苗之害，不忍无罪之民陷于宪网。”

三年，张方平罢[86]。方平极论新法之害，上抚然。

韩琦请罢新法，极论其害，且曰：“陛下砺精求治，若但躬行节俭以先天下，自然国用不乏，何必使与利之臣，纷纷四出以致远迩之疑。”帝意几悟，安石争之，故不报。

司马光为枢密副使，固辞，许之。光极言青苗之害，且曰：“陛下所以用臣，盖察其狂直，庶有辅于国家。若徒以禄位荣之，而不取其言，是天官私非其人也。臣徒以禄位自荣，而不能救生民之害，是盗窃名器以私其身也。陛下诚能罢制置条例司不行青苗助役法，虽不用臣，臣受赐多矣。”[87]

韩琦论青苗法不见听，故请罢，许之。

御史吕公著罢去。著上疏曰：“自古有为之君未有失人心而能图治，亦未有胁之以威，胜之以卞而能得人心者也。昔日之所谓贤者，今皆以此举为非，而主议者一切只为流俗浮论，岂昔皆贤而今皆不肖乎?”安石怒，故去。[88]

赵抃论新法而去。[89]

监察御史程颢乞罢，许之。时新法不便攻安石甚力，颢被旨议事，安石怒言厉色，颢徐言曰："天下事非一家私议，愿平气以听之。"安石为之愧屈。颢上疏曰："臣闻天下之理，本诸简易，而行之以顺道，则事无不成。舍而之于险阻，则不足以言智矣。况于措制，沮废公议，一二小臣，实与大计，用贱陵贵，以邪妨正者乎？凡此皆天下之理，不宜有成，而智者之所不行也。兴利之臣日进，尚德之风寖衰，尤非朝廷之福。臣奉职不肖，论议无补，望允前奏，旦赐降责。"安石素与颢善，及是虽不合，犹敬其忠信，授颢镇宁节度判官。[90] 谏院李常论青苗贬。[91]

监察御史张戬论乱法贬。[92]

吕公弼罢。[93]

翰林学士司马光乞罢，许之。

翰林范镇乞致仕，从之。[94] 上疏曰："臣言不行，无颜复立于朝。"[95] 极论青苗等数事。[96] 且曰："陛下有纳谏之资，大臣进拒谏之计，陛下有爱民之性，大臣用残民之术。"[97] 疏入，王安石大怒。自草制，极诋之。[98] 镇表谢，略曰："愿陛下集群议为耳目，以除壅弊之奸，任老成为腹心，以养平和之福。"天下闻而壮之。苏轼往贺曰："公虽退，而名益重矣！"镇愀然曰："君子言听计从，消患于未萌，使天下阴受其赐，无智名，无勇功；吾独不得为此，使天下受其害而吾享其名，吾何心哉！"日与客诗赋饮酒，或劝称疾杜门，镇曰："死生祸福，天也，吾其如天何！"[99] 立诸路更戍法。

立保甲法。

四年，诏察奉行新法不职者。

司马光乞罢，从之，自是绝口不论事。

苏轼乞罢，许之。

以邓绾为侍御史，绾知王安石得君专政，乃陈时事，且曰："陛下得伊周之佐，作青苗免役等法，民莫不歌舞圣泽，诚不世之良法。"复贻书安石极颂其美，绾由是得官。[100] 先是，李定为秀州判官，至京师，李常见之曰："民谓青苗法何如？"定曰："民便之。"常曰："举朝方共争是事，君勿为此言。"定往白安石，安石喜立，荐为监察御史，李定、邓绾同为安石之党也。

翰林韩维乞罢，许之。维上言："诸县团结保甲，乡民惊扰，至有截指断腕以避丁者。"安石益恶维，维去之。[101]

司马光论青苗致仕去，冯京请留，安石曰："修附丽韩琦为社稷臣。如此人，在一郡则坏一郡，在朝廷则坏朝廷，留之安用？"[102]

御史杨绘贬。绘上疏曰："老成人不可不惜，今旧臣多引疾求去，范镇年六十有三，吕诲年五十有八，欧阳修年六十有一而致仕，富弼年六十有八而引病，司马光、王陶皆五十而求散地，陛下不可不思其故乎。"安石闻而恶之。[103]

御史刘挚上疏曰："陛下有劝农之志，今变而为烦扰，陛下有均役之意，今倚以为聚敛，其言爱君忧国之言者，皆无以容于其间，今天下有喜于敢为，有乐于无事。彼以此为流俗，此以彼为乱常。此风浸盛，汉唐党祸必起矣。"[104] 挚又上疏曰："陛下夙夜励精，以亲庶政。天下未至于安且治者，谁致之耶？陛下注意以望太平，而自以太平为己任，得君专政者是也。二三年间，开阖动摇，举天下无一物得安其所者。盖由青苗之议起，而天下始有聚敛之疑；青苗之议未允，而均输之法行；均输之法方扰，而边鄙之谋动；边鄙之祸未艾，而助役之事兴。至于求水利，行游田，并州县，兴事起新，难以偏举。其议财，则市井屠贩之人，皆召至政事堂；其征利，则下至历日，而官自鬻之。推此以往，不可究言。轻用名器，淆混贤否：忠厚老成者摈之为无能；侠少儇辨者[105]取之为可用；守道忧国者谓之为流俗；败常害民者谓之通变。凡[106]政府谋议经画，[107]独与一椽属决之，然后落笔，同列预闻，反在其后。故奔走丐乞之人，其门如市。今西夏之款未入，反侧之兵未安，三边疮痍流溃未定，河北大旱、诸路大水、民劳财乏、县官减耗，圣上忧勤念治之时，而政事如此，皆大臣误陛下，而大臣所用者误大臣也。”疏奏，安石欲窜挚岭外，帝不许，诏贬谪。[108]

吕诲卒。先是诲乞致仕，上疏以疾喻政曰：“臣本无宿疾，偶值医者，用术乖方，殊不知脉候有虚实，阴阳有顺逆，诊药有标本，治疗有后先，妄投汤剂，率情任意差之指下，祸延四支，寖成风痹。遂艰难行步，非只惮跛戾之苦，又将虞心腹之变。此以身疾喻朝政也。”[109]

五年，判汝州富弼上言：“新法臣所不晓，不可以治郡，乞致仕。”乃进封韩国公。[110]

立保马法。

致仕欧阳修卒。初谥曰“文常”，门人曰：“修有定策之功，请加以忠。”改谥文忠。[111]

立方田及均税法。

九月，少华山崩。[112]

帝曰：“本朝祖宗爱惜天物，不肯横费。汉文帝曰‘朕为天下守财尔！’”安石曰：“人主若能以尧、舜之政泽天下之民，虽竭天下之力以奉乘舆，不为过当。”[113]

文彦博罢。博以安石多变，旧典言于帝曰：“朝廷行事，务合人心，宜兼采众论，以静重为先，陛下励精求治，而人心未安，盖张更之过也。凡衣冠之家罔利于市，缙绅清议尚所不容，岂有堂堂大国不为物议所非者乎，不报，因求去。”[114]

刘攽论新法贬。

南康军周敦颐卒。初名敦实，道州营道人。有分宁注薄狱久不决，敦颐至一讯立辨，邑人惊曰：“老吏不如也，年五十七而卒，敦颐博学力行，著《太极图》，明天理之根源，究万物之终始。著《通书》四十篇，发明太极之蕴。言约而道大，文质而义精，得孔孟之本源，有大功于学者。为南安司理时，通判程珦以其学知道，使二子颢、颐往受业焉。敦颐既至南康，即筑室于莲花峰下，前有溪，合于湓江，取营道所居濂溪以名之，学者称为濂溪先生。”

复周制比问族党之法。

初策武举之士。

初权免行钱。

神宗下。七年，大旱。帝以旱避殿减膳，且知麦苗枯槁，民无生意，忧形于色，对朝嗟叹，欲罢不善之法，安石曰：“水旱常数，尧汤所不免，不足贻圣虑，但当修人事以应之。”上曰：“此岂细事，朕所以恐惧，正谓人事之未修尔。”[115] 初监安上门郑侠，久旱岁饥，征敛苛急，流民扶携塞道，羸疾愁苦，身无完衣，并城民买麻糁麦麸，合米为糜或茹木实草根。至身被锁械，负瓦楬木，卖以偿官，累累不绝。乃绘所见为图，奏疏诣阙，不纳。遂假称密急，发马递上之言："陛下观臣之图，行臣之言，十日不雨，乞斩臣以正欺君之罪。"疏奏，帝反复观图，长吁数四，袖以入内。是夕，寝不能寐。翌日，命罢新法十八事，民闻之欢呼相贺。先是，帝谓承旨韩维曰："天久不雨，朕日夜焦劳，奈何？"对曰："又陛下忧悯旱灾，损膳避殿，此乃举行故事，恐不足以应天变，当痛自责已。"上疏极言青苗及开边之害，帝感悟，会侠疏至，帝慨然行之。[116] 是日，果大雨，远近沾洽。辅臣入贺，帝以侠所进图状，且责之，皆再拜。群奸切齿，遂以侠付御史狱，治其擅发马递罪。吕惠卿、邓绾请复行新法，于是一切如故行。

王安石罢。安石执政六年，更法度，开边疆，天下怨之。太皇太后乘间语帝安石新法之害，不报。太后涕泣言之，会郑侠疏进，安石遂求去。

辽复来言疆事，诏韩琦等条代比事以闻，琦奏言："近来朝廷举事，似不以大敌为恤，彼见形生疑，必谓我有图，复燕南意，故引先发制人之说，造为衅端。所以致疑，其事有七，云云。臣窃计，始为陛下谋者，必曰自祖宗以来，因循苟遣，治国之本，当先富强，则可以鞭笞四夷，复唐之故疆。然后制作，以文太平。故新制日下，更改无常，夫欲攘四夷，以兴太平，而先使邦国困摇，众心离怨，此为陛下谋者大误也。谓宜遣使报聘，优致礼币，具言朝廷向来兴作，乃修备之常，岂有他意。如将官之类，因而罢之。以释其疑，益养民力，选贤任能，疏远奸谀，进用忠鲠，使天下悦服，边备日充。若其果自败盟，则可一振威武，恢复故疆，摅累朝之宿愤矣。"[117]

有星孛于轸，诏求直言。安石上疏言不灾，帝曰："闻民间殊苦新法。”安石对曰：“祈寒暑雨民犹怨咨，此无庸恤。”帝曰：“岂若并祈寒暑雨之怨亦无邪！”安石不悦。[118]

吕氏曰：“安石言：‘天变不足惧，人言不足恤，祖宗之法不足守。’”又曰：“腊月之雷指为瑞雷，三月之雪指为瑞雪。其视天变若童稚之可侮，痛哉。”安石弟安礼应诏上疏曰：“人事失于下，则变象见于上。陛下有仁民爱物之心，泽不下究意者，左右大臣不均不直，谓忠者为不忠，不贤者为贤。乘权射利者，用力弹于沟瘠，取利究于园夫，足以干阴阳而召星变。”帝览疏嘉叹谕之曰云云：“今以一指蔽日，虽泰、华在前，不之见。近习蔽，其君何以异此，卿当益自信。”[119]

陈襄为仙居县教头，曰：“为吾民者，父义，母慈，兄友，弟恭，子孝，夫妇有恩，男女有别，子弟有学，乡闾有礼。贫穷患难，亲戚相救，婚姻死丧，邻保相助。无惰农事，无作盗贼，无学赌博，无好争讼，无以恶凌善，无以富吞贫，则礼义之俗也。”[120]民多化焉，及为御史，上疏论青苗之害，不听，襄请去。

河南逸士邵雍卒。雍少时慷慨欲遂功业，始为学，即坚苦刻虑，寒不炉，暑不扇，夜不就席者，数年而已，叹曰：“昔人尚友于古，吾独未及四方。于是周流齐、鲁、宋、郑之墟，久之，幡然来迫，曰‘道在是矣。’”遂不复出。[121] 于是受河图洛书、伏羲六十四卦图象于北海。李之才由是探颐索隐，妙悟神契，洞彻蕴奥，汪洋浩博。及学益老，德益邵，玩心高明，以观夫天地之变化，阴阳之消长。远而古今世变，微而飞走草木之性情。深造曲畅，庶几所谓不惑，而非依仿义类，亿则屡中者，遂衍伏羲先天之旨，着书十余万言，然世之知其道者鲜矣。初至洛，蓬荜环堵，不蔽风雨，躬樵爨以事亲。虽平居屡空，而怡然甚乐，人莫能窥也。及富弼、司马光、吕公著退居洛中，雅敬雍相从游焉。[122] 时新法行或问投刻，雍曰："新法严，能宽一分，则民受一分之赐，投劾何益?"后荐而官之[123]，固辞。年六十七而卒，赐谥康节先生。雍天性高迈，迥出千古，而坦夷温厚，不见圭角，是以清而不激，和而不流。[124] 程颢曰："尧夫，内圣外王之学。"著《皇极经世书》《观物内外篇》《渔樵问对》传于世。[125] 雍岁时耕稼仅给衣食，名其居曰："安乐窝"，且焚香燕坐。脯时酌酒三四瓯，微醺即已，不及醉也，哦诗自咏，春秋时出游。所适，士大夫争相迎候。士之道洛者，不之公府之雍。[126] 雍德气粹然，望之知其贤。雍以人无贵贱，少长一接以诚，故贤者悦其德，不贤者服其化。

知大常礼院张载卒。少喜谈兵，范仲淹劝以读《中庸》，后与二程论《易》，知道尽弃异学。[127] 举进士，调云严令，以敦本善俗为先。每月吉，具酒食，召乡人高年，亲劝酬之，使人知养老事长之义。[128] 帝召问治道，载对曰："为政不法三代者，终苟道也。"帝悦，以为校书。[129] 论新法不合，[130] 移疾屏居南山下，蔽衣疏食，与诸生讲学。每告以知礼成性，变化气质之道，学以尊礼贵德，乐天安命，以《易》为宗，以《中庸》为体，以孔孟为法，世称横渠先生。[131] 著《正蒙》《东、西铭》行于世，[132] 程颐言《西铭》明理一而分殊，蒙前圣所未发，与孟子性善养气之论同功。[133]

元祐七年[134]，诏以孟轲配食孔子，追封韩愈曰"昌黎伯"。

新安胡氏曰："神宗之朝，濂溪周子倡明道学，有《太极图》《通书》传于世，而授诸其徒。河南程两夫子道学之盛，益大以肆，上有以续孔孟千载不传之秘，下有以开来学于亿万斯年之久。实光前而绝后，况同时如康节先生，先天有图皇极有书得包羲氏之心，教天下以知来藏往之学，而横渠张子之《正蒙》，司马温公之《通鉴》，又为理学之渊薮，史学之泰山皆卓卓乎！其有不可及者，不其盛欤！使天不生王安石于其间，而使诸君子以斯道相天子，以成就其大有为之志，吾知跻世道于唐虞之盛，奈何其不然欤吁。”

神宗崩，太皇太后临朝，诏以颜回亦配享孔子。[135]

太后曰：“先帝临御建立政事，以泽天下，而有司奉行失当，几于烦扰，或苟且文具，不能布宣实惠，申谕中外协心奉令，以称先帝惠安元元。”于是，罢新法十余事。司马光自洛入临。五月诏百官言政阙失。光居洛十五年，天下以为真宰相，田夫野老皆号为司马相公，妇人女子亦知其为君实也。[136] 神宗崩，赴阙入临，卫士望见，皆以手加额曰：“此司马相公。”所至，民遮道聚观，至不得行，曰：“公无迫洛，留相天子，活百姓。”光惧，还。[137] 太后遣人劳光，问为政所当先，光请开言路，诏枋朝堂。于是，上封事者千数。[138]

以司马光为执政。是时，天下之民皆引领拭目以观新政。光既入，上言新法之弊：“陛下微有所改，而远近皆相贺。”不可，况三年无改于父道之统，而当时进言者，犹谓无改父道，欲稍损其甚者[139]，公毅然争之曰：“先帝之法，其善者百世不可变，若王安石、吕惠卿等所建，非先王本意者，改之当如救焚拯溺也[140]。况太后以母改子，非子改父。”众议乃定。[141]

赐楚州孝子徐积帛米，积旦夕冠带定省，从胡瑗学，所居一室，寒一裘，啜粟饮水，以父名石，不用石器，行遇石不践。

曰："遇之怵然，伤吾心，思吾亲，不忍加足其上。"及卒，赐谥节孝先生。[142]

以吕公著为尚书，公著上十事，畏天，爱民，修身，讲学，任贤，纳谏，薄敛，省刑，去奢，无逸。[143] 与司马光同心辅政革弊，民欢呼鼓舞称便矣。[144]

程颢卒，年五十四。颢资性过人，充养有道，和粹之气，盎于面背，门人交友从之岁久，未尝见其忿厉之容。虽仓卒，不动声色。自十五六与弟颐闻汝南周敦颐论学，遂厌科举之习，慨然有求道之志。因秦、汉以来，未有臻斯理者。[145] 其言曰："道之不明，异端害之也。是皆正路之蓁芜，圣门之蔽塞，辟之而后可以入道。"颢深有意经济，时召用边卒。[146] 士大夫知与不知，莫不哀伤。文彦博题其墓曰："明道先生"。弟颐序之曰："周公没，圣人之道不行。孟轲死，圣人之学不传。道不行，百世无善治。学不传，千载无真儒。无善治，士犹得以明夫善治之道，以淑诸人，以传诸后。无真儒，天下贸贸焉莫知所之，人欲肆而天理灭矣。先生生乎千四百年之后，得不传之道于遗经，以兴起斯文为己任。辨异端，辟邪说，使圣人之道涣然复明于世。盖自孟子之后，一人而已。然学者于道不知所向，则孰知斯人之为功？不知所至，则孰知斯名之称情也哉？"[147]

宋哲宗[148]

哲宗。神宗子，在位十五年，寿二十五。幼冲即位，太皇太后高氏临朝，用贤相，政事修，国大治，号曰女中尧舜。太后崩，党人得志，遂大乱。

元祐元年，苏轼曰："法相因则事易成，事有渐则民不惊。三代之法，兵农为一，至秦始分为二，及唐中叶，尽变府兵为长征卒。自尔以来，民不知兵，兵不知农，农出帛谷以养兵，兵出性命以卫农，天下便之。虽圣人复起，不能易也。"[149]

以程颐为崇政殿说书。[150] 先是大臣屡荐，颐不起。至是，司马光、吕公著共疏其行义曰："伏见河南处士程颐，力学好古，安贫守节，言必忠信，动遵礼度。年逾五十，不求仕进，真儒者之高蹈，圣世之逸民。望擢不次，使士类矜式。"[151] 诏以是官。颐上札十言："习与智长，化与心成。今夫民善教其子者，亦必延名德之士，与之处，以薰陶德性。况陛下春秋之富，虽睿圣得于天资，而辅养之道不可不至。大率一日之中，接贤士大夫之时多，亲寺人、宫女之时少，则气质变化，自然而成。愿选名儒入侍劝讲，讲罢，留之分直，以备防问。或有少失，随事献规。岁月积久，必能养成圣德。"[152]

王安石卒。[153] 朱子曰："安石以文章节行高一世，而尤以道德经济为己任。被遇神宗，致位宰相，世方仰其有为，庶几复见二帝三王之盛。而安石乃汲汲以财利兵革为先务，引用凶邪，排摈忠直，躁迫强戾，使天下之人，嚣然丧其乐生之心。卒之群奸嗣虐。流毒四海焉。"[154]

韩维[155] 对太后之问曰："人情贫则思富，苦则思乐，困则思息，郁则思通。诚能常以利民为本，则民富；常以忧民为心，则民乐；赋役非民力所堪者去之，则劳困息；法禁非民情所使者蠲之，则郁塞通。推此而广之，尽诚而行之，则子孙观陛下之德，不待教而成矣。"[156]

苏轼等数吕惠卿之奸曰："斗筲之才，穿窬之智，谄事宰相，同升庙堂，乐祸贪功，好兵喜杀。以聚敛为仁义，以法律为诗书。先帝求贤如不及，从善如转环，始以尧舜之仁，姑试伯鲧，终焉孔子之圣，不信宰予。尚宽两观之诛，薄示三苗之窜，天下传诵称快焉。”[157]

司马光卒。太皇太后恸甚，与帝临其丧，赠太师、温国公，谥文正，年六十八。京师罢市往吊，鬻衣以致奠，葬送者如哭其私亲。都中四方皆画像以祀，饮食必祝，司马光孝友忠信，恭俭正直，居处有方，动作有礼。于物淡然无所好，于学无所不通，不喜释老。居政府，凡王安石、吕惠卿所建新法，为民害者，划革略尽。[158]

史臣曰：“熙宁新法病民者将二十年，一旦光起而为政，毅然以天下自任，开言路，进贤才。凡新法之为民害者，次第取而更张之，海内之民欢欣鼓舞，甚于更生，一变而为嘉祐、治平之治，君子称其有旋乾转坤之功。而光已老且病，不克终治，惜哉！”[159]范镇不拜高官，镇之所行，大略曰：“临大节，决大议，色和而语壮，口不道佛、老、申、韩之说。”契丹、高丽传诵其文。[160]

有贻书吕公著曰：“善观天下之势，犹良医之视疾，方安宁无事之时，语人曰其后必将有大忧，则众必骇笑，惟识微见几之士，然后能逆知其渐。故不忧于可忧，而忧之于无足忧者，至忧也。”又曰：“孟虎负嵎，莫之敢撄，而卒为人所胜者，人众而虎寡也。故以十人而制一虎，则人胜。以一人而制十虎，则虎胜。奈何以数十人而制千虎乎？”[161]

范祖禹上疏，其略曰：“方揽庶政，延见群臣，今日乃宋室隆替之本，社稷安危之机，生民休戚之端，君子小人进退消长之际，天命人心去就离合之时，可不畏哉？”[162]

宋徽宗

徽宗。神宗第十一子，在位二十五年，[163] 寿五十五。不修国政，大兴土木，穷极淫乐，天变民怨，盗贼乘机而起，屏弃忠正，信任奸邪，与金人约，灭辽主，为金人所欺。靖康二年，大举入寇虏，帝北行，殂于五国城。

建中靖国元年正月朔，流星自西南入尾，抵距星，其星烛地[164]。是夕，复有赤气起东北，亘西方，中出白气二；将散，复有黑气在傍。[165] 任伯雨言：“建寅之月，其卦为泰，年方改元，时方孟春，而赤气起于暮夜之幽。以一日言之，日为阳，夜为阴。以四方言之，东南为阳，西北为阴。从五色推之，赤为阳，白黑为阴。从事推之，朝廷为阳，宫禁为阴；中国为阳，夷狄为阴；君子为阳，小人为阴；德为阳，兵为阴。此宫禁阴谋，下干上之证也。散而为白，而白主兵，此夷狄窃发之证也。愿陛下以灾异为警戒，不可不深远虑。”崇宁三年六月，图熙宁元丰功臣于显谟阁。[166]

帝临太学，又临辟雍。

诏专取士于学校，罢科举法。

五年正月，有星孛于西方，长竟天，毁元祐党人碑。[167]

前直秘阁程颐卒。颐于书无所不读，其学本于《大学》《论语》《孟子》《中庸》为标指，而达于《六经》。动止语默，一以圣人为师，其不至于圣人不止也。尝言：“今农夫祈寒暑雨，深耕易耨，播种五谷，吾得而食之；百公技艺，作为器物，吾得而用之；介胄之士，被坚执锐，以守土地，吾得而安之。无功泽及人，而浪度岁月，晏然为天地间一蠹，唯缀缉圣人遗书，庶几有补尔。”[168] 于是著《易》《春秋传》。[169] 诲人不倦，故学者出其门最多，渊源所渐，皆为名士。世称伊川先生。卒年七十五。[170] 大观元年三年，童贯、黄经臣奸邪，陈禾曰：“吾位言责，此而不言，可乎?”遂上疏，劾贯、经臣怙宠弄权之罪，愿亟窜之远方。论奏未终，帝拂衣起，禾引帝衣，请毕其说，衣裾落，帝曰：“正言碎朕衣矣!”禾言：“陛下不惜碎衣，臣岂惜碎首以报陛下！此曹今日受富贵之利，陛下它日受危亡之祸。”内侍请帝易衣，帝却之，曰：“留以旌直臣。”贯诉禾遂谪。[171]

宣和元年十二月，帝微行窜，秘书省正字曹辅于彬州，辅上疏曰：“陛下厌居法宫时，乘小辇出入廛陌之中，郊垧之外，极乐而后返，道途之言，始犹有惑，今乃谈以为常，臣不意陛下当宗庙社稷付托之重，玩安忽危，一至于此。夫君之与民，本以人合，合则为腹心，离则为楚越，畔服之际，在于斯须，甚可畏也。蚩愚之民，万一当乘舆不戒之初，一夫不逞，包藏祸心，虽神灵垂护，然亦损威伤重矣，又况有臣于不忍言者，可不戒哉?”帝示宰臣，问之余深曰：“辅小官何敢论大事。”辅曰：“大官不言，故小官言之，官有大小，爱君之心一也。”[172]

宋钦宗

钦宗。徽宗子[173]，在位二年，寿六十一。即位二年，金人入寇，北行，殂于五国城。

靖康元年，诏极谏，缺失正言，崔　上疏略曰："数十年来，王公卿相皆自祭京出，更持政柄，无一人立异，无一人害己者，此京之本谋也。原蔡京之罪，乃天地否泰，所系国家治乱由之，仁宗、英宗选敦朴敢言之士，以遗子孙，安石目为流俗，一切逐去，司马光复起而用之。元祐之治，天下安于泰山。"[174]

相州汤阴人岳飞少负气节，家贫力学，尤好《左氏春秋》、孙吴兵法，有神力，能挽弓三百斤，弩八石，应募战士，屡擒剧贼[175]，钦宗北行时，康王以为承信郎。[176]

二年，李若水从帝至金营，金人逼帝易服，若水抱持而哭，诋金人为狗辈，金人曳若水出，击之，败面仆地，或劝之曰："今日顺从，明日富贵矣。"若水叹曰："天无二日，吾宁有二主乎?"其仆亦慰解之曰："公父母春秋高，若小屈，冀得一归觐。"若水叱之曰："吾不顾家矣，忠臣事君，有死无二。然吾亲老，汝归勿遽言，令兄弟徐言之可也。"又谓其仆曰："我为国死职耳。"与金人骂不绝口，金人破其唇，骂愈切，至以刃裂头，断舌而死，年三十五。[177]

金陷京师，刘韐至金营，金欲用之，韐曰："偷生二姓，有死，不为也。"人又劝之，韐仰天大呼曰："有是乎?贞女不事二夫，忠臣不事二君，况主辱臣死，以顺为正者，妾妇之道，此予所以必死也。"沐浴更衣，酌卮酒而缢。[178]

金人废帝及太上皇帝为庶人。

宋高宗

高宗。徽宗第九子,[179] 在位三十六年，仅中兴然无拨乱之才，惑于奸邪秦桧等和议之误，虽有李纲等贤，不能复尺寸之地，称臣奉贡，不共戴天之仇，由刚果不足故也。

建炎张所上言略曰：“夫国之安危，在乎兵强弱与将相之贤不肖，而不在乎都之迁与不迁也。诚使兵弱而将士不肖，虽曰渡江而南，安能自保!”[180]

宰相李纲入谢曰：“唐明皇欲相姚崇，崇以十事要说皆中一时之病，今臣亦以十事[181] 仰干天命，陛下度其可行者，赐之施行。”

李纲入对曰：“今国势不逮，靖康间甚远，然而可为者，陛下英断于上，群臣辑睦于下，庶几靖康之弊可革，而中兴可图，然非有规谋而知先后缓急之序，则不能以成功。”[182]

李纲曰：“尧舜之道，孝悌而已。但今日之事，正当枕戈尝胆，内修外攘，使刑政修而中国强，则二帝不俟迎请而自归。不然，虽冠盖相望，卑辞厚礼，恐亦无益。”[183]

宗泽上疏略曰：“天下者，太祖之天下，陛下当兢兢业业，思传之万世，奈何遽从割地之议，自金人再至，朝廷未尝命一将出师，但闻奸邪之人，朝入一言以告和，暮入一说以乞盟，终致二圣北迁，宗社蒙耻。臣意陛下赫然震怒，大明黜陟，以再造王室可也。”[184]

李纲力求去：“愿陛下以宗社为心，以生灵为意，以二圣未还为念，且吾知尽事君之道，不可，则全进退之节，患祸非所恤也。”[185]

李氏曰：“自李纲之入，为右仆射也。以英哲全德勉人主，以修政攘夷为己任，抗忠数疏，中时膏肓。和守之议决而国是明，僭逆之罪正而士气作，幸都之谋定而人心安。他如修军政，变士风，定经制，改弊法，皆纲之建。”[186]

宗泽请驾还汴，曰：“天下之事，见几而为，待时而动，则事无不成。金人灭亡之期，必在陛下见几乘时而已。若规规为便霸之谋，岂非可鄙之甚乎！”又言：“圣人爱其亲以及人之亲，所以教人孝，敬其兄以及人之兄，所以教人弟。陛下当与忠臣义士合谋肆讨，迎复二圣。使天下知孝弟而已。”[187]

三年六月，久雨恒阴。上以四失罪己，一曰昧经邦之大略，二曰昧堪乱之远图，三曰无绥人之德，四曰失驭臣之柄。[188]

赵鼎上疏曰：“自王安石用事，变祖宗之法，而民始病；假辟国之谋，造生边患；兴利财之政，穷困民力；设虚无之学，败坏人材。至崇宁初蔡京托绍述之名，尽祖安石之政，凡今日之患，始于安石，成于蔡京。今安石犹配享神宗，而京之党未除，时政之缺莫大于此。”[189]

张中丞守上疏曰：“陛下处宫室之安，则思二帝、母后穹庐毳幕之居；享膳羞之奉，则思二帝、母后膻肉酪酱之味；服细暖之衣，则思二帝、母后穷边绝塞之寒苦；操予夺之柄，则思二帝、母后语言动作受制于人；享嫔御之适，则思二帝、母后谁为之使令；对臣下之朝，则思二帝、母后谁为之尊礼。思之又思，兢兢栗栗，圣心不倦，而天不为之助顺者，万无是理也。”[190]

绍兴二年，胡安国政论略曰：“夫国之有民，犹人之有元气也，不可不恤。除乱贼，选县令，轻赋敛，更弊法，省官吏，皆恤民也。而行此有道，必先立政；立政有经，必先核；核而后赏罚当；赏罚当而后号令行。人心顺从，惟上所命，以守则固，以战则胜，以攻则服。天下定矣。”[191]

帝使赵鼎黜陟之专，朱胜非忌之，（赵鼎）上言略曰：“张浚有补天浴日之功，陛下有砺山带河之誓，大抵专黜陟之典，受不御之权，则小人不安其分。”[192]

四月，赵鼎奏金人遁迫，宜博采群言，为善后之计，于是，诏议攻战备御，措置绥依之方。

李纲上疏略曰：“臣窃观陛下临御，迨今九年，国不辟而日蹙，事不立而日坏，将骄而难御，卒惰而未练，国用匮而无赢余之畜，民力困而无休息之期。使陛下忧勤虽至，而中兴之效，邈乎无闻。”又曰：“夫用人如医，必先知其术业可以已病，乃可使之进药而责成功。今不详究其术业，而姑试之，则虽日易一医，无补于病，徒加疾而已。又臣愿自今以往，勿复遣和议之使。二者既定，择所当为者一切以至诚为之。俟吾之政事修、仓廪实、府库充、器用备、士气振，力可有为，乃议大举，则兵虽未交，而胜负之势决矣。惟陛下正心以正朝廷百官，使君子、小人各得其分，则是非明，赏罚当，自然藩邦协力，将士用命，虽强敌不足畏，逆臣不足忧，此特陛下方寸间耳。”[193]帝嘉而不用。

龟山杨先生卒。先时弟子罗从彦闻，时得程氏之学，慨然向慕往见，曰：“不至是，几虚过一生矣。”

八年，曾开争和议曰：“儒者在义，苟为非义，高爵厚禄不顾也。”

九年正月，与金和。赦文略曰：“乃上穷开悔祸之期，而大金报许和之约，割河南之境土，归我舆都，戢宇内之干戈，用全民命。”张浚言和议之曰：“金虏非可结以恩信，事以仁义者也。”[194]

李纲卒，年五十八，负天下之望，以一身用舍为社稷生民安危，为相七十日，其忠诚义气，凛然动乎远迩。每使者至金，金人必问李纲、赵鼎安否。[195]

十年，张九成举进士，对策直言，无隐且曰：“祸难之作，天所以开圣人也。愿陛下以刚大为心，无以惊扰自沮。前世中兴之主，大抵以刚德为尚，去谗绝欲，远佞防奸，皆中兴之本也。且闾巷之人，皆知有父兄妻子之乐，陛下贵为天子，冬不得温，夏不得清，昏无所定，晨无所省，感时遇物，凄惋于心，岂不思所以还二圣之车乎？”[196]

十一年，金主亲祀孔子，谓侍臣曰：“朕幼年游逸，不知志学，岁月逾迈，深以为悔。孔子虽无位，其道可遵，使万世景仰，大凡为善，不可不勉。”自是勤读。

秦桧使岳飞就狱死，吴玠饰名姝遗于飞[197]，飞曰：“主上宵肝，岂大将安乐时耶。”却不受。帝欲营飞弟，飞辞曰：“金虏未灭，何以家为?”或问“天下何时太平”，飞曰：“文臣不受钱，武臣不惜死，天下太平矣。”[198] 卒有疾，飞躬为调药。军令严肃，秋毫不私。[199] 张俊问用兵之术，飞曰：“仁、信、智、勇、严，阙一不可。”飞好贤礼士，览经史，歌投壶，恂恂如书生。[200]

吕东莱论略曰：“岳飞忠孝出于天性，自结发从戎，凡历数百战，内平剧盗，外抗强胡。其用兵也，尤善以寡胜众。其战兀术也，于颍昌则以背嵬八百，于朱仙镇则以背嵬五百，皆破其众十余万。虏人所畏服，不敢以名称，至以父呼之。”[201]

十四年，秦桧怨赵鼎不附和议，故徙置吉阳军，赵鼎谢表有曰：“白首何归，帐余生之无几。丹心未泯，誓九死以不移。”[202] 桧见曰：“此老倔强犹昔。”

十六年，刘子羽卒。[203] 子羽天性孝友，慷慨自许，每有捐身徇国之愿，长于兵，料敌决几，殆无遗算。其为政，发奸摘伏，若神所治，不畏强御，轻财重义。

张浚力论时事曰：“臣宁言而死于斧钺，不忍不言而负陛下之恩。”上疏曰：“当今事势，如养大疽于头目心腹之间，不决不止。迟则祸大而难决，疾则祸轻而易治。惟陛下谋之于心，谨察情伪，使在我有不可犯之势，庶几社稷安全。不然，后将噬咬，异时以国与敌者反，归罪于正议，此臣所以食不下咽，而一夕不能安也。”秦桧见之大怒，贬浚连州。[204]

三十二年，张浚言于帝曰：“人主之学，以一心为本，一心合天，何事不济！所谓天者，天下之公理也而已。必兢业自持，使清明在躬，则赏罚举措，无不当，人心自归，敌国自服。”帝踧然曰：“不忘公言。”封浚魏国公。[205]

四明陈氏曰：“高宗恭俭仁厚，以之继体守文则有余，拨乱反正则不足。当其初立，因四方勤王之师，内相李纲，外任宗泽，天下之事宜无不可为者。顾乃播迁穷僻，坐失事几，始惑于汪、黄[206]，终制于秦桧。偷安忍耻，匿怨忘亲，以贻来世之机，悲夫！”[207]时诏求直言，监潭州南狱庙，朱熹上封事言：“圣躬虽未有过失，而帝王之学不可以不熟讲。朝政虽未有阙遗，而修攘之计不可以不早。帝王之学，必先格物致知，以极夫事物之变，使义理所存，纤悉毕照，则自然意诚心正，可以应天下之务。”又曰：“四海利病，系斯民之休戚，斯民休戚，系守令之贤否。监司者守令之纲，朝廷者监司之本。本原之地，亦在朝廷而已。”[208]

宋孝宗

孝宗。性至孝，上皇升遐之日，哀慕切至，有恢复之志。值金雍贤明，仁恕无可乘之寡，南北讲俱得休息，在位二十七年，禅太子，寿六十八。[209]

朱子曰：“魏公欲正人心，雪仇耻，复土宇，虽使公困于谗忌之口，不得就其志。然而表著天心扶持人纪，使天下晓然知，人类之所以异于禽兽，中国之所以异于夷狄，其功盛矣。惜乎！浚之功未遂，而桧之毒愈深。”[210]

乾道三年，刘珙初为翰林，言于帝曰：“世儒多病汉高帝不悦学，轻儒生，臣以为高帝之聪明英伟，其所不悦，特腐儒之俗学耳。诚使当世之士有以圣三之学告之，臣知其必将踈然敬信，而其功烈之所就不止于是而已矣。盖天下之事无穷，而应事之纲在我，惟其移于耳目，动于意气，而私欲萌焉，则其纲必弛，而无以应夫事物之变。是以古之圣王无不学，而其学必求多闻，必师古训，盖将以明理正心而立万事之纲也。此纲既立，则虽事物之来，千变万化而在我，常整整不紊矣，惜乎！”当是时学绝道丧，未有以是告高帝者，帝极称善。[211]

金主雍谓臣下曰：“凡为人臣，上欲要君之恩，下欲干民之誉，必亏忠节矣。”[212]又曰：“举用人才，如其果贤也，何必以亲疏为避忌也。”

四年，金主命官中之饰物得用黄金，金主雅尚俭素，曰：“唐吴之时，未有华饰，汉惟文帝务为纯俭，朕于宫室惟恐过度，其或兴修，即损宫人岁费以充之。如宴饮之事，太子生日及岁元亦未尝至醉。至于佛法，尤所不信。梁武帝为同泰寺奴，辽道宗以民户赐寺僧，复加以三公之官，其惑深矣。朕当食，常思贫民饥馁，犹在己也。彼身为恶而口祈福，何福之有?”又曰：“朕见宫中竹有枯瘁者，欲令更植，恐劳人而止。”[213]

陈俊卿谏御骑射曰：“陛下未忘骑射者，盖志图恢复耳。诚能任智谋之士以为腹心，仗武猛之将以为爪牙，明赏罚以鼓士气，恢信义以怀归附。则英声义烈，不出樽俎之间，而敌人固已逡巡震叠于千万里之远，尚何待区区驰射于百步之间哉?”[214]

张栻言于帝曰：“夫必胜之形，常在于早正素定之时，而不在两阵决机之日。下哀痛之诏，明复仇之义，修德立政，用贤养民，选将练兵，以内修外攘，进战退守通为一事，必治其实不为虚文，则必胜之形隐于可见。”[215] 帝深纳之。七年起复刘珙，知枢密院事，辞不拜，[216] 其札子云：“臣材质庸下，无以愈人，叨窃大臣，积有岁年，曾无尺寸可以补报。陛下不以为罪，复加录用，起之衰绖之中，付以枢筦之重。肯辞再三，温诏未允。重膺委寄，畀以荆襄宣威之任，臣感激厚恩，悲痛无已。然欲仰承睿奖起图事功，则身在草土之中。[217] 国无门庭之寇义，固不可以起，欲俯全私义悲丧不言，则感恩忧国之心，又有不能已者，方疾病呻吟，伏自思念。至于旬月，窃思失正，范仲淹尝于服中上宰相书，以谓‘岂以一身之戚，而忘天下之忧?’况臣身为大臣受恩深重，非仲淹小官与比，身既不可起，口又不复言，一旦死亡抱恨泉坏，故敢为陛下尽言之庶几，圣心感悟亦报德之。万一陛下付臣以荆襄之任者，岂非以荆襄上流，吴蜀要害。夫荆襄兵力单薄，财赋匮乏，要当壮军声，广边用，此荆襄今日之急务也。然而利害之大，则不在荆襄。荆襄四肢也，朝廷腹心元气也。元气强则四肢壮，百邪不能害，元气虚则四肢弱，风薄则不仁，湿侵则为肿。朝廷施设未中，事机根本剧强固，则荆襄虽得百人悉心经理，亦何足恃！臣请先论国家大计，而后及根本之实，何谓大计恢复是也。祖宗陵寝久隔腥膻，神州赤县，沦于异域，九庙在天之灵，所以责于陛下，四海兆姓之心，所以望于陛下，孰有大于恢复者哉！陛下天锡勇智，生知神圣，英武同符艺祖，恭俭上侔仁宗，卑宫室，非饮食，惟恢复是图，未明求衣，日旰而食，惟恢复是念，然而旷日持久，绩用未著者何耶？臣谓今日有恢复之形，而未尽恢复之实故也。大抵有实无形则计定事成而敌人不觉，有形无实则速祸致寇而无以待之。燕昭王即位于败燕之后，吊死问孤，与百姓同甘苦，卑身厚币以招贤者，几三十年，益以富强。乃与乐毅谋伐齐，一举而下七十余城。汉昭烈既殆数岁，魏人寂然无闻，是以略无备豫。及诸葛亮师出祁山，戎阵整齐，号令明肃。魏人闻之，朝野恐惧，此有实无形之明效也。夫虏之不能忘我，犹我之不能忘虏也。其措心积虑，朝思夕计，岂一日而忘南牧，今兵未动而声先闻，实未至而形先见。外则归正不逞时有剽劫，内则移屯纷纭示以兵端，使虏人谋我日深，备我日严，是诲之也。中外文武之臣与夫归正之人，以侥幸之狂图为恢复之上策，听其言似忠于国，察其实多为身谋。以此窃取美官，坐致富贵者多矣，而于国计实无分毫之补，张虚声来实祸，臣窃痛之。所谓有恢复之形是也，何谓恢复之实？修己也，求贤也，恤民也，用将也，养兵也。以修己为本，以求贤为先，以恤民为重，然后用将养兵，次第举矣。此本末先后之序也。昔周宣王侧身修行，而王化复行，此内修之本也。任贤使能见于《烝民》之雅，哀矜鳏寡见于《鸿雁》之诗，《采芑》之任将帅，《车攻》之简车，徒政事之大亦无过此四者。夫治国平天下之本，不在于庆赏号令之间、礼乐刑政之具，而在于人君一身，一身之善恶，在于一念之积，一念之正，湛然于方寸之中，则见善必明，贤否是非判然于前，精神之运，心述之动，而治效之应见于千里之外甚矣。人主修之难也，盖左右前后忠直之臣常少，谀佞之臣常多，彼其先意承志以悦吾之心，乘间伺隙以中吾之欲，视听一惑，念虑随差，遂使黑白倒置，邪正杂橘，而治乱分矣。如木之蠹，如蚁之穴，其端甚微，而安危存亡之机，实兆于此，甚可畏也。自古盛帝显王未有如尧舜禹汤，宜无待于修为者，然犹汲汲皇皇舍己从人，或拜昌言，或盘盂有铭，几杖有戒，其所以如此者，岂非念虑之间深可畏耶？陛下不迩声色，不殖货利，无侈靡之误，无游田之逸，然而治效未应，则在陛下反己而求之耳。愿陛下退朝之余，清闲之燕，求直谅博洽之士，日与讲论古议，以广多闻之益。舍一己之见而以天下之见为见，去一己之智而以众人之智为智。谄谀之士、希财之言，必察而逐之，惧其害吾仁也。敢谏之士、逆耳之言，必容而受之，欲其补吾之德也。使圣治日新又新，以之用贤，则贤可得。以之恤民，则民自安。下而至于治军、旅任、将帅以及于大纲小纪无不必学，朝廷既正，元气既固，则疆场自安，用之以吊民伐罪，则何功不成？何欲不遂？此恢复之本也。陛下当馈而叹，异席所思未尝不求贤也，然而所用未必尽实材，所学未必合公议。今群臣之中，亦有文武如尹吉甫，柔嘉如仲山甫，孝友如张仲者乎，若犹未也。惟陛下留神简拔，十室之邑，必有忠信。天下之广，岂无人才？今田野之间，草庐之下，安知卧龙伏雏，在陛下力求之耳。若邪佞不尽去，直道不可行，彼将长往山林，埋光铲采不得而用之矣。使忠直之气日益销沮，利害之实壅于上闻。臣恐求贤之实未尽也，陛下有恻怛之心，有宽大之诏，未尝不恤民也。然而今日虽有字民之官，而不得举字民之职，版曹之所驱催，惟财赋是求。上司之所督迫，惟岁计是急。州县长吏趣辨目前，苟逃谴罚，不过巧名色以科敛，急文引以追呼，峻鞭朴以恐吓，岁计一辨则能事毕矣。至于狱讼罕肯留心，加之以水旱，重之以盗贼，遂使闾阎穷悴，生理萧条，饥寒切身，甚则思乱。求其劳来还定安集，劬劳未见其人。臣恐恤民之实未尽也。筑坛授钺去故易新，未尝不用将也。然而昔之掊克丰已，浚下媚上逐之当矣。而新所拣擢多膏粱子弟，平生不经战阵缓急，恐难应敌。今之诸将亦有壮猷如方叔，维翰如召虎者乎。夫鹘之老者，搏击尤俊；鹰之饥者，侧翅随人。少年有口辨，未必皆人材；老将有微过，未必终弃。此曹非有忠肝义骨，惟官爵是图，惟货财是欲。时迁美官，位已高，禄已厚，方富贵自奉，志得意满，缓急之间，欲其肯出死力，以身先士卒难矣。臣恐用将之实未尽也。大农之费太半耗于军中，未尝不养兵，然而古所谓士卒者，有催牛酾酒之乐，有投石超距之气，故勇于公战。闻敌争奋为主将者，有投醪之惠，有吮疽之恩，故爱之如子弟之卫父兄，蔽之如手足之扞头目。今则不然，刻剥之痛，劳役之苦，怨詈之声，有不忍闻。主将视士卒如草芥，士卒视主将如仇雠。军有截股断臂以幸避免者，军中往往投籍。吏役窜名市井，甚则削发入空门，披缁为童行，其不愿充军，如此又安能使之乐于战斗？而望其阚如虓虎、如霆、如雷乎？臣恐养兵之实未尽也。至于理财未尽实而府库尚空虚，丰储未尽实而边廪少余积，内政未修，何以外攘？民穷兵怨，盗贼将窃发于邦域之中，而欲鸣釰于伊吾之比，此臣之所未谕也。臣愿陛下上观天时，下顺民心，痛辟诞谩之说，力排侥幸之图，毋规小利，毋泄大谋，强固根本，静以待动，勿示恢复之形。增修治政，求贤审官，安民和众，用将养兵，如周宣之内修政事，如卫文公之秉心塞渊，如汉光武之沈几先物，此恢复之上策也。人事若尽，天命自至，然后乘机伺衅，以兴六月之师，举朔方之役，犁庭扫穴在反掌闻耳。如是而祖宗之世仇，不复中原之境土不还。臣甘受妄言之诛，惟陛下留神省察，至于上婴龙鳞，下忤朝士，亦惟陛下察而保全之，臣不胜万幸。臣实疾病，笔画不端，遥望阙庭，臣无任战慄之至。”

淳熙三年，金主曰：“经籍垂教，后世无不尽善。今之学者，既能诵之，必须行之。然知而不能行者多矣，苟不能行，诵之何益？今之人敬亲戚，尊耆老，接宾客，信朋友，礼义款曲，皆出于自然，其善与古书所载何异？”[218] 又曰：“今在位不闻荐贤何也？昔狄仁杰起自下僚，力扶唐祚，使既危而安，然非娄师德，何以自荐乎？”[219] 又曰：“人多奉释老，意欲徼福。朕蚤年亦惑之，旋悟其非。且上天立君，使之治民，若盘乐怠忽，欲以侥幸祈福，难矣。果能爱养下民，上当天心，福必报之。”

六年，诏求直言，朱熹上疏言：“天下之大务，莫大于恤民。恤民之本，又在于人君正心术以立纲纪。今日民间特以税重为苦，正缘二税之入，朝廷尽以供军，州县无复赢余。则不免于二税之外，别作名色，巧取于民。今民贫赋重，若不计理军实，去其浮冗，则民力决不可宽。”又曰：“授将印，委利权，一出于朝廷之公议，则可以绝苞苴请讬之私，而刻剥之风可革；务求忠勇沉毅、实经行阵之人，则可以革轻授非才之弊。而军士畏爱，搜阅以时，窜名冗食者，不得容于其间。又择老成忠实、通晓兵农之务者，使令屯田之事，付以重权，责其久任，则可以渐省列屯坐食之兵，稍省州县供军之数。军籍既核，屯田既成，民兵既练，州县事力既纾，然后可以禁其苛敛，责其宽恤，庶几穷困之民，得保生业，无复流移漂荡之患矣。”[220]

七年，右文殿修撰张栻病，疏劝帝亲君子远小人，信任防一己之偏，好恶公天下之理，年四十八。浚之子敬夫也。帝尝言伏节死义之臣难得，栻对曰：“当于犯颜敢谏中求之，若平时不犯颜敢谏，他日何望伏节死义？”[221] 栻所著《论语孟子说》《太极之图说》，是谓南轩先生。[222]

八年，吕祖谦卒。师林之奇，友朱熹，居家之政，皆后世法，年四十五卒，称为东莱先生。

二月，下朱熹社仓法于诸路。

十年，陈贾请禁伪学略曰：“天下之士，所学于圣人之道者，未始不同。既同矣，而谓己之学独异于人，是假其名也。臣伏见近世士大夫有所谓道学者，其说以谨独为能，以践履为高，以正心诚意、克己复礼为事。若此之类，皆学者所共学者也。而其徒乃曰己独能之。此伪学也，愿陛下痛革此习。”帝从之。[223] 伪学指朱熹也。尤袤以程氏之学为陈贾所攻，言于帝曰：“道学者，尧舜所以帝，禹汤文武所以王，周公孔子所以设教，以此为伪学，不可也。”

金主雍曰：“帝王之政，固以宽慈为德。然梁武帝务宽慈，纲纪大坏。朕尝思之，赏罚不滥，是宽政也。”[224]

十五年，帝诏自行三年之丧。

臣留正论略曰：“以日易月之论，发于应劭，陋儒习之，其后遂为二十七日之制。先王之礼既坏，虽有明哲之君，贤智之辅，惮于更张，因循相袭，良可叹已。寿皇慕亲之孝根于天性，事亡之敬发于至诚。衰绖三年，以终丧制，千载以来，一人而已。於戏圣乎！”[225]

朱熹将入奏事，或曰：“正心诚意之言，上所厌闻，慎勿复言。”熹曰：“吾平生所学，惟此四字。岂可不言，以欺吾君乎！”及入对，首言陛下：“居虚明应物之地，而天理有所未纯，人欲有所未尽，是以为善不能充其量，除恶不能去其根，一念之顷，公私邪正、是非得失之机，交战于其中。愿自今以往，一念之顷必察，夫天理人欲，果天理邪，则敬以充之，而不使少有壅阏；果人欲邪，则敬以充之，而不使少有凝滞。推而至于动作言语之间，用人处事之际，无不以是裁之，则圣心洞澈，而天下之事，将惟陛下所欲为，无不如志矣。”[226] 上善之。林栗劾熹之伪学，并罢去。

朱熹进封事略曰：“今天下大势，如人有重病，内自腹心，外达四肢，无一发一毫不受病者。臣不暇言，且以天下之大本与今日之急务为陛下言之。盖大本者，陛下之心，急务则辅翼太子，选任大臣，振举纲维，变化风俗，爱养民力，修明军政六者是也。古先圣王，兢兢业业，持守此心，虽在纷华波荡之中，幽独得肆之地，而所以精之一之、克之复之，如对神明，如临深渊谷，犹恐隐微之间，或有差失而不自知。是以建师保之官，列谏诤之识，凡饮食、酒浆、衣服、次舍、器用、财贿，与夫宦官、宫妾之政，无一不领于宠宰，使其左右前后，一动一静，无不制以有司之法，而无纤芥之隙、瞬息之顷，得以隐其毫发之私。陛下之所以精一克复，而持守其心，果有如此之功乎？所以修身齐家而正其左右，果有如此之效乎？”[227]

宋光宗[228]

光宗。孝宗子，在位五年，寿五十四。

绍熙元年，刘光祖乞禁道学之讥曰：“近世是非不明，则邪正互攻，公议不立，则私情交起，此固道之消长，时之否泰。而实为国家之祸福，社稷之存亡，甚可畏也！”[229]

四年，陈亮崇朱熹、吕祖谦曰：“研穷义理之精微，辨析古今之同异，原心于抄忽，较礼于分寸，以积累为工，以涵养为正，粹面盎背，则于诸儒诚有愧焉。至于堂堂之阵，正正之旗，风雨云雷交发而并至，龙蛇虎豹变见而出没，推倒一世之智勇，开拓万古之心胸。”[230]

黄裳曰：“朱熹天下第一等人。”

朱熹因光宗嘉王父相疑之际乃曰：“天下之事，有常有变，而其所以处事之术，有经有权，当事之常，而守其经。虽圣人不外此，而众人亦可能焉。至于遭事之变而处之以权，则惟大圣大贤为能不失其正，而非众人之所及也。乃者天运艰难，国有大咎，天变为之见于上，地变为之作于下，人情为之哀恫，而皆有难畈散乱之心，是则所谓天下之大变，而不可以常理处焉者也。是故太皇太后躬定大策，皇帝陛下寅绍丕图，而乡之所谓危者安难者。合天下之势，翕然大定，此亦谓处之以权，而不失其正矣。至今三月天变未尽销，地变未尽弭，君亲之心未尽欢，学士大夫群黎百姓或反疑于逆顺名实之际。犹有可诿者，亦曰陛下之心，前日未尝有求位之计，今日未尝忘思亲之怀而已。此则所谓道心微妙之全体，天理发用之本然，而所以行权而不失其正之根本[231]。诚能推吾未尝求位之心，则可以尽吾负罪引慝之诚；充吾未尝忘思亲之心[232]，则可以致吾温清定省之礼，终始不越于此，而天伦可正，大本可立矣。[233]”

宋宁宗

宁宗。光宗子，在位三十年，虽有小善□□称寿五十七。

庆元二年察元定□号西山先生。

六年，前秘阁修撰朱熹卒，家故贫少，依父友刘子羽，诸子自远至者，豆饭藜羹，率与之共，往往称贷于人以给用，非其道义则一介不取也。年七十一而卒。

□臣吴曦草诏略曰：“惟干戈省厥躬，圣贤之戒。虽犬马识其主，尔乃甘心夷虏之臣。邦有常刑，罪在不赦。”[234]

元太祖[235] 即位。[236]

宋理宗[237]

理宗。太祖十世孙，在位四十年，寿六十一，崇尚周程朱张之学，故理宗。[238]

宝庆元年，真德秀对帝曰："三纲五常者，扶持宇宙之栋干，奠安生民之柱石。人而无此，冠裳而禽犊。国而无此，中夏而夷狄矣。晋废三纲，而刘石之变兴；唐废三纲，而羯胡之难作。我朝立国，根本仁义。先正名臣，或以为家法最善，或以为大纲甚正。"又曰："大抵人主当以二帝三王为法，秦、汉以下，人君举动，不皆合理。又朝廷之于天下赏罚，如天下之于万物栽培，倾覆付之无心，不可使一毫私意于其间也。"

端平元年，召真德秀、魏了翁，德秀入对："今中原无主，王是上天监观四方[239]，为民择主之时，若能修德格天，天必命陛下为中原之主，臣向为先帝陈祈天永命之戒，其说出于召公，然反覆召诰一篇，纲目曰教德，曰小民而已。《传》曰：'敬者德之聚。'仪狄之酒，南威之色，盘游戈射之娱，禽兽狗马之玩，有一于此，皆足害敬，其可不戒乎？天之视听，因民视听，人之向背，即天命之向背，权臣之末，贿赂公行，诛求既广，民不堪命，陛下窒贿道而贿进者尚存，惩赃吏而赃多者漏网。《易》曰：'天之所助者顺，人之所助者信。'天厌夷德久矣。陛下倘能敬德以迓续休命，中原终为吾有。若徒以力求之，而不反其本，天意难测，臣实忧之。又曰今日事势犹以和扁继庸医作坏之后，一药之误，代为庸医受责矣。"[240]

了翁入对略曰："陛下独居深宫之间，可托者谁欤？当事变还来之时，可以系天下之事者谁欤？《诗》曰：‘价人维藩，大师维垣，大邦维屏，大宗维翰，怀德维宁，宗子维城。’此六者守邦之要道也。”

嘉熙三年，贾似道之甥生疏，乞去君侧之蛊媚，以正主德，犹天下之公论，以新庶政。盖指贾贵妃及贾弥远也。弥远诏甥陈填曰：“子何为好名？”填曰：“好名，孟子所不取。然求士于三代之上，惟恐其好名；求士于三代之下，惟恐不好名耳。”

四年正月，彗星出，减膳。诏曰：“朕以眇身托乎天下士民公卿之上，顾德不类，不能上全光之明，下遂群生之和，变异频仍，咎证彰灼，夙夜祇惧，不遑康宁。天道不远，谴告匪虚，万姓有过，在予一人。今朕痛自克责，岂举措未公而贤否杂进欤，赏罚未当而真伪未别欤？”

淳祐元年，诏追封周敦颐。汝南伯、张载郿伯、程颢河南伯、程颐伊阳伯、朱熹徽国公，并从祀孔子庙庭，黜王安石从祀。

二年元姚枢厌同僚惟事贿赂，弃官携家隐于苏门，垦荒云门粪田数百亩，诛茅为屋，城中置私庙四室，孔子、周、张、程、邵、司马六君子议读其间。

元耶律楚材每言：“兴一利不如除一害，生一事不若减一事。”[241]

四年，诏史嵩之父忧起复，其从子璟卿谏曰：“久闻开督府，所成何功，东南民力，困于供需，州县仓库，匮于应变，诚恐祸起萧墙，危如朝露。为今之计，莫若尽去在幕之群小，悉召在野之君子，相与改弦易辙，戮力王事，以权桑榆之功。”又大学生黄恺伯等上书曰：“嵩之心术回邪，踪迹诡秘，罗天下之小人为私党，夺天下之利权归私室，畜谋积累，险不可测。在朝廷一日则贻一日之祸，一岁则贻一岁之祸，万口一辞，惟恐去之不速。今嵩之亡父以速其去，中外方以为快，而起复之命已下矣。嵩之闻讣不行，徘徊从容，未见有忧戚之容。大臣居天子之下，百官之上，佐天子以孝治天下者也。孝不行于大臣，是率天下而为无父之国矣。昔者固有释衰绖从王事者，以其才足济时也。陛下所以起复嵩之者，谓其有折冲千里之才欤？则嵩之本无捍卫封疆之能，徒有劫制朝廷之术，谓其有经理财用之才欤？则嵩之本无足国裕民之能，徒有私自封殖之计。陛下眷留将以利国，殊不知贻国无穷之忧也。天欲去之，而陛下留之。堂堂中国岂无君子，独一小人而不悟？是陛下欲二百年之天下，坏于史氏之手而后已。此臣所以痛心也。五刑之属三千，而罪莫大于不孝。若以法绳之，虽置之 钺，犹不足谢天下，况复置之具瞻之地不□。”[242]

元国内大旱，河水尽涸，野草自焚，牛马多死，民不聊生。

景定五年，诏崇经术，考德行。诏曰：“朕粤稽盛帝明王，制治保邦，曷尝不以人材为先务？盖尧舜之法度，文武之方策，苟非其人，是迪是懋[243]，则亦徒法而已。必赖济济之士、蔼蔼之贤布列中外。道德一而风俗同，然后可望其举行不悖，相继于长久也。我国家因唐之旧[244]，进士一科，得人为盛。三百年间，所以保乂王家[245]，垂休亿载者，厥功茂哉[246]。弊生蠹久，近年尤甚，非无佳士云云。”[247]

宋度宗

度宗。理宗侄子，在位十年，寿三十。[248]

咸淳元年九月，元许衡罢，居怀孟。凡丧葬遵古制，不用佛老，怀孟化之，旁舍有僧德公者，年百余岁，尝谓其徒曰："老僧苦行百年，亦不能作佛。徒为不孝之人，羞见祖宗于地下。愿少僧辈还俗，以寿祖宗之祀。"自是无复度弟子，善化之也。[249]

宋懿圣皇帝

孝恭懿圣皇帝。度宗子。德祐元年，文天祥与客语及时事，辄流涕抚己曰："乐人之乐者忧人之忧，食人之食者死人之事。闻者感动。"[250] 二年，有星斗于中天，一星殒。

钱塘江湖三日不至。

元伯颜以帝及皇后宰执北去。

宋端宗

端宗皇帝。恭帝之兄，在位三年。

帝昺

帝昺。端宗之弟，在位二年。[251] 宋亡，时有大星南流殒海中，小星千余随之，声如雷，数刻乃止。

张弘范执文天祥，天祥忠义形于诗云：“人生自古谁无死，留取丹心照汗青。”弘范笑之，天祥□□崖山作诗哀悼曰：“长平一坑四十万，秦人欢欣赵人怨。大风扬沙水不流，为楚者乐为汉者愁。兵家胜负常不一，干戈纷纷何时毕。必有天吏将明威，不嗜杀人能一之。我生之初尚无疚，我生之后遭阳九。厥角稽首二百州，正气扫地山河羞。身为大臣义当死，城下师盟愧牛耳。间关归国洗日光，白麻重拜不敢当。出师三年苦且劳，咫尺长安不得睹。非无虓虎士如林，一日不戈为人擒。楼船千艘下天角，两雄相遭相喷薄。古来何代无战争，未有锋猬交沧溟。游兵日来日复往，相持一月为鹬蚌。南人志欲扶昆仑，北人气欲河带吞。一朝天昏风雨恶，炮火雷飞箭星落。谁雌谁雄顷刻分，流尸浮血洋水浑。昨朝南船满崖岸，今朝只有北船在。昨夜两边桴鼓鸣，今朝船船鼾睡声。北军去家八千里，椎牛酾酒人人喜。唯有孤臣泪雨垂，明明不敢向人啼。六龙杳霭知何处，大水茫茫隔烟雾。我期借剑斩佞臣，黄金横带为何人。”又从而为之歌曰：“飓风起兮海水飞噫。文武尽兮火德微噫。鹰鹯相击兮靡所施噫。鸿鹄欲举兮将安归噫。擢歌中流兮任所之噫。独抱春秋兮莫我知噫。”

元张弘范以舟师攻崖山袭宋师，陆秀夫先驱妻子入海，即负帝同溺，后宫诸臣从死者甚众。余舟尚八百，尽为元人所得。[252]

元世祖

元世祖。讳忽必烈，能混一区宇，坐治大平。[253] 帝度量弘广，求贤纳谏，知人善任，文武并用，制礼作乐，民物阜盛。在位三十五年，寿八十。

时赐文天祥死，天祥临刑从容，谓吏曰："吾事毕矣。"南向拜而死，年四十七。其衣带中有赞曰："孔曰成仁，孟曰取义，唯其义尽，所以仁至。读圣贤书，所学何事？而今而后庶几无愧。"[254]

谢叠山书："十月朔日，丁忧人谢枋得稽颡再拜，奉书于雪楼御史中丞相公执事。大元制世，民物一新。宋室孤臣，只欠一死，其所以不死者，以九十三岁之母在堂耳。罪大恶极，获谴于天，天不剿厥命，而夺其所恃以为命。先妣以今年二月十六日考终于正寝，某自今无意人间事矣。《礼》曰：'伤哉贫也，生无以为养，死无以为葬。'某幼读此书，何知其苦，乃今身履之，而后痛楚不能禁。某三十一而入仕，五十一而休官，平生实历，不满八月。俸禄无一毫归家养亲，已不可言孝矣。惟黾勉送死，或可以少赎前过矣。亲丧在浅土，贫不能礼葬，苫块馀息，心死形存。少儿传到郡县公文，乃知大元欲求至诚无伪，以公灭私，明达治体，可胜大任之才。执事荐士凡三十，贱姓名亦玷其中。执事将隆旨督郡县以礼聘召，有愿应诏者，以资币厚遣，乘传上京师。弓旌招贤，轮帛迎士，此礼不见于天下久矣。岂非清明之一盛事乎！有志经世者，孰不兴起？惜乎求异才而及某，非其人，非其人！贻笑于天下，取讥于后世，非大元梦卜求贤之初意也。扬善者顺天，荐贤者报国，执事为君谋亦忠矣。自燕京至上饶五千里，当执事荐士时，岂知某有母之丧！衰绖之服，不可入公门；草土之衔，不可彻殿陛；姓名不祥者，不可辱古灵荐藁也。稽之古礼，子有父母之丧，君命三年不过其门，所以教天下之孝也。解官持服，在大元制典尤严。自伊尹传说之后，三千年间，山林匹夫，辞烟霞而依日月者，亦多矣。未闻有冒哀匿服膺聘币者。求忠臣必于孝子之门，为人臣不尽孝于家，而能尽忠者，未之有也。为人君不教人以孝，而能得人之忠者，亦未之有也。某亲丧未克葬，持服未三年，若违礼悖法，从郡县之礼，顺执事之意，其为不孝莫大焉，语曰：'人岂不自知。'某自知不才久矣。忘国之大夫，不可以图存。李左车犹能言之，况稍知诗书颇识义理者乎！某之极暗至愚，决不可以辱召命，亦明矣。淳祐甲辰，丞相史嵩之父没，天子诏起复，嵩之虽不来，太学生叩阊阖而攻之。其词曰：'天子当为国家扶纲常，为天地立人极，夺情非令典，起复非美名。'朝臣惟徐忠公元杰上疏主正论，力劝君父宜令嵩之终三年。人心天理不可泯灭，此嵩之所以寿终，吉宋之所以幸存三十年也。咸淳甲戌而后，不复有礼法矣。贾似道起复为平章，文天祥起复为帅阃，徐直方起复为尚书，陈宜中起复为宰相，刘黻起复为执政。饶信斗筲穿窬之徒，钻刺起复者，不可胜数。三纲四维，一旦断绝，此生灵所以为肉为血，宋之所以暴亡，不可救也。岂非后车之明鉴乎？忠臣论事，必识大体；君子取人，先观大节。执事不可称非其人，而孤大元求才之意，某不可进不以礼，而误执事知人之明，不待智者而知之矣。为人子，止于孝；为人臣，止于忠。某不能为忠臣，犹愿为孝子。《传》

曰：‘君子成人之美，不成人之恶。’执事能亮某之心，使吾幸而免不孝之名，是成我者之恩，与生我者等也。某家在弋阳，执事侨寓盱江，相望二百余里，当徒跣谢门墙。惟服色凄惨，不可以谒达官贵人，敢以书白于侍御者。语曰：‘士屈于不知己，而伸于知己。’执事岂不闻江南一愚直人乎！人无所不至，惟天不可欺。某所以发露真情，而不暇文饰其辞者，亦恃执事必知己也。某稽桑再拜。”

谢叠山与魏容奇书：“九月吉日，前宋逋播臣谢某，谨齐沐顿首致书于大参政公阁下。大元制士，民物一新。宋室逋臣，只欠一死。上天降才，其生也有日，某死也有时，某愿一死全节久矣。所恨时未至耳。大元慈仁如天，不妄杀一忠臣义士。虽曰：文天祥被奸民诬告而枉死，后来冤状明白，奸民亦正典刑，其待亡国之逋臣，可谓厚矣。某虽至愚，岂不知恩，所以宁为民不为官者。忠臣不事二君，烈女不事二夫，此天地间常道也。自丙戌程御史将隆旨宣唤之后，今第五次蒙大元以礼招徕。上有尧舜，下有巢由；上有汤武，下有隋光夷齐。某所以效虞人之死而不往，学夷齐之死而不仕者，正欲天下万世，知大元之量，可为尧舜、汤武，能使谢某不失臣节，视死如归也。慈蒙大参相公拘管周先生道院，日夜劳动，录事司吏卒十余人，及坊正屋主监守，岂不忧某之逃走耶！某是男儿，死即死耳！不可为不义屈，何必逃走，大参相公忧虑亦大劳矣！先民有言：‘慷慨赴死易，从容就戮难。’某慈蒙大参相公缧绁而到大都，以缞绖见留忠齐诸公。且问诸公，容一谢某，听之为大元闲民，于大元治道何损；杀一谢某，成之为大宋死节，于大元治道何益？只恐前误大宋，后误大元，上帝监观，必有报应，诸公自无面目立于天地间。某母丧未葬，据礼经不可除服，只当缞绖见公卿，凶服不可入君门。大元有命，当历写江南官吏贪酷，生灵愁苦之状，作万言书献王，陛下一听进退。忠臣不事二君，烈女不事二夫。此某书中第一义也。某自九月十日离嘉禾，即不食烟火，今则并勺水一果不入口矣。惟愿速死，与周夷齐、汉龚胜，同垂青史，可以愧天下万世为臣不忠者。兹蒙颁赐，仰见礼士之盛心。某闻之：'食人之粟者，当分人之忧；衣人之衣者，当任人之劳；乘人之车者，当载人之难。'某既以死自处，度此生不能报答恩遇矣。义不敢拜受，所有钧输台馈事件，尽交还来使回纳。使币外郎又传钧旨云，欲访问某何事，某初志亦愿效一得之愚，今则决不敢矣。鲁有公父文伯死，其母敬姜不哭。室老曰：'焉有子死而不哭者夫?'其母曰：'孔子，圣人也，再逐于鲁，而此子不能从。今其死也，未闻有长者来，内人皆行哭失声，闺中自杀者二。此子者，必于妇人厚，而于长者薄也，吾所以不哭。'君子曰：'此言出于母之口，不害其为贤母也；若出于妇人之口，则不免为妒妇矣。'言一也，所居之位异，则人必变矣！某义不出仕者也，今虽有忠谋奇计，则人必以为妒妇矣，恐徒为天下所笑，惟相度容之。干冒钧严，不胜悚悚。"

叠山又书略曰："夷齐虽不仕周，食西山之薇，亦当知武王之恩；四皓虽不仕汉，茹商山之芝，亦当知高帝之恩；况藜羹含粝于大元之土乎？"庄子曰："呼我为马者，应之以为马；呼我为牛者，应之为牛。"

元成宗　元武宗　元仁宗

成宗在位十四年。[255]

武宗在位五年。[256]

加封孔子为太圣至圣文宣王，诏曰："盖闻先孔子而圣者，非孔子无以明；后孔子而圣者，非孔子无以法。所谓祖述尧舜，宪章文武，仪轨百王，师表万世者也。朕篡承丕绪，敬仰休风。循治古之良规，举追封之盛典，加号云云。遣使阙里，祀以大牢。於戏！父子之亲，君臣之义，永惟圣教之尊，天地之大，日月之明，奚罄名言之妙？尚资神化，祚我皇元！"

呵沙不花见帝容色日悴，乃进曰："八珍之味不知御，万金之身不知爱，惟鞠孽是好，姬嫔是耽，是犹两斧伐孤树，未有不颠仆者。"帝曰："非卿孰为朕言？"因命进酒，又顿首曰："臣方欲陛下节饮而反劝之，是臣之言不信于陛下也，不敢奉诏。"左右皆贺帝得直臣，遂命右相。[257]

仁宗在位九年。[258]

元英宗　泰定帝　元明宗　元文宗　元顺帝

英宗在位四年。[259]

时有言："佛教可治天下者。"帝以问，拜住对曰："清净寂灭，自治可也；若治天下，舍仁义，则纲常乱矣。"又帝问曰："人亦唐魏征之敢谏者。"拜住对曰："槃圆则水圆，盂方则水方。有太宗纳谏之君，则有魏征敢谏之臣。"帝善之。

泰定皇帝，在位五年。[260]

明宗在位一年。[261]

文宗在位二年。[262]

顺帝在位三十六年。[263]

诏定守令黜陟之法，六事备者升一等，四事备者减一资，三事备者平迁，六事俱不备者降一等。六事者：户口增，田野阔，词讼简，盗贼息，赋役均及平常得法也。

元帝□

元帝□。今年四月王师奏捷于阑州，朔漠扫清关陇底平，天乃大降甘雨，滋为嘉瑞和气致祥，不亦昭哉！《周颂》有曰："绥万邦，屡丰年，天命匪懈。"《传》者曰："商之季年，比岁旱荒，至周武王克纣受命，而天下遂获丰年。"由今观之，信非诬矣。

汉谣以麦穗两歧歌其太守之美政，则是两歧之麦，世所稀有，而况于三歧。以至五歧者哉，颂声之作不可阙也。《颂》曰：

"神雀赤乌，其羽不可以为仪；紫达平露，其实不可以疗饥。岂若五歧之为瑞，可以厚民之生，丰国之资者哉。元失其鹿，天下共逐，扰扰纷纷，强食弱肉，皇天振怒，诞命真主，肃将天威，以靖区宇，骑士如云，猛将如龙，发纵指示，悉出帝衷。既平南东，遂定西北，民居攸奠，品物咸殖，爰有嘉麦，一本五歧，布叶萋萋，结实离离，既齐既平。先百谷成，擢颖杨芒，金枝翠叶，溥叟原田，滃若云烟，望之油油，即之芊芊。

其种伊何，降自穹昊；其瑞伊何，丰年之兆。丰年穰穰，颂声洋洋，其始自今，奕世无强。”

平西蜀颂序：

“臣闻天命真主，混一六合，必先有以为之驱除，然后收拾以归其笼。自古及今，同一揆矣。是故冬寒之极，必有阳春；激湍之下，必有深潭；大乱之后，必有大治。理则然也。元德既衰，九土麋沸，鸱张狼顾之豪，弥满山泽。万姓鱼喁，无所吁告，天乃命我皇帝，肃将武威，代伐不道。故一伐而定荆湖，再伐而举全吴，三伐而海甸廓清，四伐而东粤南闽悉归版图。于是肆伐中原，拾宋掇秦，掣赵拔燕，兵锋未至，声闻先及，神詟鬼慄，匍匐俯伏。玄菟青海，昆仑大漠，交址　耳之国，莫不献琛奉表，稽首阙下，无敢后者。独明昇窃据巴蜀，虽遣使奉贡而不去伪号，大臣皆请讨之，皇帝怜其父没子幼，数遣使招之不至，乃命将师伐之。洪武四年，大军破瞿唐，杀其将某，郡邑镇戍望风送款。昇乃率其官属，奉玺印诣军门请降。盖自建国至是凡五年，而天下一统，何其易耶！固知天命有在，而群雄并起，为之驱除也。臣刘基受恩深厚，无能补报，遥闻捷音，欢喜踊跃，不能自已。谨撰平西蜀颂一首，虽不足以赞扬圣德万一，亦聊以寓葵藿向日之忱。其辞曰：‘惟叟蜀国，开自蚕丛，山川隔阂，与华不通。金牛启路，厥穷斯凿，岷峨岧嶤。连井给，秦以之霸，汉以之王，诸葛用之震惊北方。剑阁倚天，瞿唐折地。仰不可攀，俯不可视。蠢兹羌戎，凭其险阻，罔知天命。大邦是距，洸洸虎臣，受命于征。出师桓桓，如雷如霆，如雷如霆，天子之威，庙筭先定，鬼神莫违。灵旗挥挥，指山山摧，羌人失魂，瘂若死灰；爰将其臣，奉其版籍；泥首军门，面缚含璧。六军奉凯，声动玄黄。黎童白叟，蹈舞康庄。四海会同，丰年穰穰。庆云甘露，自天降祥。’臣拜稽首，受天之佑。受天之佑，天子万寿。”

校　注

[1]《宋史·太祖本纪》卷一："后唐天成二年，生于洛阳夹马营，赤光绕室，异香经宿不散，体有金色，三日不变。"

[2]"颖滨谓孟子不嗜杀人之言"。原文缺"颖"，据《宋史全文》卷一补。

[3]《宋史·石守信传》卷二百五十："乾德初，帝因晚朝与守信等饮酒，酒酣，帝曰：'我非尔曹不及此，然吾为天子，殊不若为节度使之乐，吾终夕未尝安枕而卧。'守信等顿首曰：'今天命已定，谁复敢有异心，陛下何为出此言耶?'帝曰：'人孰不欲富贵，一旦有以黄袍加汝之身，虽欲不为，其可得乎。'守信等谢曰：'臣愚不及此，惟陛下哀矜之。'帝曰：'人生驹过隙尔，不如多积金、市田宅以遗子孙，歌儿舞女以终天年。君臣之间无所猜嫌，不亦善乎。'守信谢曰：'陛下念及此，所谓生死而肉骨也。'明日，皆称病，乞解兵权，帝从之，皆以散官就第，赏赉甚厚。"

[4]"使唐非有哲妇浊乱于内"。原文缺"内"，据《宋史全文》卷一补。

[5]“太祖之所以能收其权者”。原文缺“之”，据《宋史全文》卷一补。

[6]《宋史·太祖本纪》卷二：“三年春正月癸酉朔，以出师不御殿。甲戌，王全斌克剑门，斩首万余级，禽蜀枢密使王昭远、泽州节度赵崇韬。乙亥，诏瘗征蜀战死士卒，被伤者给缯帛。壬午，全斌取利州。”故“全斌”应为“王全斌”。

[7]《宋史·曹彬传》卷二百五十八：“二年冬，伐蜀，诏以刘光毅为归州行营前军副部署，彬为都监。峡中郡县悉下，诸将咸欲屠城以逞其欲，彬独申令戢下，所至悦服。上闻，降诏褒之。两川平，全斌等昼夜宴饮，不恤军士，部下渔夺无已，蜀人苦之。彬屡请旋师，全斌等不从。俄而全师雄等构乱，拥众十万，彬复与光毅破之于新繁，卒平蜀乱。时诸将多取子女玉帛，彬橐中唯图书、衣衾而已。及还，上尽得其状，以全斌等属吏。谓彬清介廉谨，授宣徽南院使、义成军节度使。彬入见，辞曰：‘征西将士俱得罪，臣独受赏，恐无以示劝。’上曰：‘卿有茂功，又不矜伐，设有微累，仁赡等岂惜言哉？惩劝国之常典，可无让。’”

[8]“攻城之际”。原文缺“攻”，据《双湖先生文集》卷十补。

[9]“必罹锋刃者”。《双湖先生文集》卷十：“必有横罹锋刃者。”

[10]“王心真天地、父母之为量者矣”。原文缺“真”“天”，据《双湖先生文集》卷十补。

[11]“数幸国子监亲赞孔颜”。原文缺“数幸”，据《双湖先生文集》卷十补。

[12]“其取士也”。原文缺“其取”，据《双湖先生文集》卷十补。

[13]“严复试之法”。原文缺“法”，据《双湖先生文集》卷十补。

[14]“其理财也”。原文缺“理财”，据《双湖先生文集》卷十补。

[15]“置封椿库，收市舶利”。原文缺“椿库”“市”，据《双湖先生文集》卷十补。

[16]“禁羡余之献”。原文缺“羡”，据《双湖先生文集》卷十补。

[17]原文缺“临御之初”，据《双湖先生文集》卷十补。

[18]“赈贷分诣城南赐饥民粥”。原文缺“赈贷分诣城南赐饥”“粥”，据《双湖先生文集》卷十补。

[19]“其劝课农桑也”。原文缺“其”，据《双湖先生文集》卷十补。

[20]“诏长吏劝课”。原文缺“诏”，据《双湖先生文集》卷十补。

[21]原文缺“以暑气命诸州狱吏洒扫洗涤”，据《双湖先生文集》卷十补。

[22]“至于抑奢侈”。原文缺“至于抑”，据《双湖先生文集》卷十补。

[23]“此我旧所服用也”。原文缺“旧所服用”，据《双湖先生文集》卷十补。

[24]“庶几以德化人之义”。原文缺“庶几以德化人之”，据《双湖先生文集》卷十补。

[25]“正大光明，直与尧舜之心合诚哉”。原文缺“明，直与尧舜之心合诚哉”，据《双湖先生文集》卷十补。

[26]“孝友之道又何以加于此哉”。原文缺“孝友之道又何以加于”，据《双湖先生文集》卷十补。

[27]原文缺“无问然矣”，据《双湖先生文集》卷十补。

[28]“圣人举事”。“举事”原缺，据《宋史全文》卷三补。

[29]“非尽由戎狄”。“尽”原缺，据《宋史全文》卷三补。

[30]“若缘边诸寨抚御得人”。“寨抚”原缺，据《宋史全文》卷三补。

[31]“但使峻垒深沟”。“但”原缺，据《宋史全文》卷三补。

[32]“畜力养锐”。“锐”原缺，据《宋史全文》卷三补。

[33]“所谓择卒未如择将”。“未如择”原缺，据《宋史全文》卷三补。

[34]“而河北之民获休息矣”。“河”原缺，据《宋史全文》卷三补。

[35]《宋史全文》卷三：“上既还京师，议者皆言宜速取幽、蓟，左拾遗、直史馆张齐贤上疏，其略曰：‘圣人举事，动在万全。百战百胜，不若不战而胜。若重之谨之，戎虏不足吞，燕、蓟不足取。自古疆场之难，非尽由戎狄，亦多边吏扰而致之。若缘边诸寨抚御得人，但使峻垒深沟，畜力养锐，以逸自处，宁我致人，李牧所以称良将于赵，用此术也。所谓择卒未如择将，任力不及任人。如是则边鄙宁，边鄙宁则辇运减，辇运减则河北之民获休息矣。臣又闻家六合者以天下为心，岂止争尺寸之土，角戎狄之势而已？是故圣人先本而后末，安内以养外。人民，本也；

夷狄，末也。中夏，内也；夷狄，外也。是知五帝三王未有不先根本者也。尧舜之道无他，广推恩于天下之民尔。推恩者何？在乎安而利之。民既安利，则戎狄敛衽而至矣。伏望审择通儒，分路采访，有伪命日赋敛苛重者，改而正之，因而利之，使赋税可经久而行天下。诸州有不便于民事，委长吏闻奏，使天下耳目皆知陛下之仁，戴陛下之惠，此以德怀远，以惠利民，则幽、燕窃地之丑，沙漠偷生之众，禽之与屈，总在术内尔。”全文缺处，据《宋史全文》卷三补。

[36]《宋史全文》卷三：“上因谓宰相曰：‘刺史之任，最为亲民。苟非其人，则民受其祸。昔秦彭守颍州，崇尚儒雅，教化大行，境内乃有凤凰、麒麟、嘉禾、甘露之瑞，足为善政也。’宋琪曰：‘秦彭一郡守耳，政善而天应之若此，况君天下者乎？何谓太平不可致，和气不可调也！’召宰相、近臣赏花于后苑。”《续资治通鉴长编》卷二十五：“帝因谓宰相曰：‘刺史之任，最为亲民。苟非其人，则民受其祸。昔秦彭守颍州，教化大行，境内乃有凤凰、麒麟、嘉禾、甘露之瑞。’宋琪曰：‘秦彭一郡守耳，政善而天应之若此，况君天下者乎？’”

[37]《宋史全文》卷三：“上之即位也，召华山隐士陈抟入见，于是复至，上益加礼重，谓宰相宋琪等曰：‘抟独善其身，不干势利，所谓方外之士也。与之语，甚可听。’因遣使送至中书。琪等从容问抟曰：‘先生得玄默修养之道。可以化人乎？’对曰：‘抟山野之人，于时无用，亦不知神仙黄白之事、吐纳之理，无术可传于人。假令白日上升，亦

何益于世？主上龙颜秀异，有天人之表，博达今古，深究治乱，真有道仁圣之主也。正是君臣协心同德、兴化致治之秋，勤行修练，无出于此。’琪等表上其言，上益喜，赐抟号希夷先生。”

[38]《宋史》卷二百八十一：“尝奏事殿中，语不合，帝怒起，准辄引帝衣，令帝复坐，事决乃退。上由是嘉之，曰：‘朕得寇准，犹文皇之得魏征也。’”

[39]《宋史》卷二百八十一：“淳化二年春，大旱，太宗延近臣问时政得失，众以天数对。准对曰：‘《洪范》：天人之际，应若影响；大旱之证，盖刑有所不平也。’”

[40]《宋史》卷二百八十二：“真宗问治道所宜先，沆曰：‘不用浮薄新进喜事之人，此最为先。’问其人，曰：‘如梅询、曾致尧等是矣。’后致尧副温仲舒安抚陕西，于 门疏言仲舒不足与共事。轻锐之党无不称快，沆不喜也，因用他人副仲舒，罢致尧。帝尝语及唐人树党难制，遂使王室微弱，盖奸邪，难辨尔。沆对曰：‘佞言似忠，奸言似信，至如卢杞蒙蔽德宗，李勉以为真奸邪是也。’真宗曰：‘奸邪之迹，虽曰难辨，然久之自败。’”

《宋会要辑稿·帝系九》：“景德元年正月六日，帝谓宰臣等曰：‘近日群臣罕尝言事，若有所畏避。况今公朝，何至如此？’因言唐朝朋党尤盛，渐不可制，以至王室卑弱。又言其邪难辨。李沆曰：‘佞言似忠，奸言似信。至如卢杞蒙蔽德宗，李勉以为真奸邪，是也。’帝曰：‘奸邪之类，虽一时难辨，亦久当自露。’”

[41]“李沆无密启”。原文“蜜”，据《宋史》改。《宋史》卷二

百八十二："帝以沆无密奏，谓之曰：'人皆有密启，卿独无，何也?'对曰：'臣待罪宰相，公事则公言之，何用密启？夫人臣有密启者，非谗即佞，臣常恶之，岂可效尤。'"

[42]《宋史》卷二百六十七："真宗即位，加户部，命条具中外钱谷以闻。恕久不进，屡趣之，恕曰：'陛下富于春秋，若知府库充实，恐生侈心，臣是以不敢进。'真宗嘉之。"

[43]《宋史》卷二百八十二："景德元年七月，沆待漏将朝，疾作而归，诏太医诊视，抚问之使相望于道。明日，驾往临问，赐白金五千两。方还宫而沆薨，年五十八。上闻之惊叹，趣驾再往，临哭之恸，谓左右曰：'沆为大臣，忠良纯厚，始终如一，岂意不享遐寿!'言终又泣下。"

[44]"治第封丘门内"。原文"封丘"缺，据《宋史》卷二百六十七补。

[45]"听事前仅容旋马"。原文"仅容"缺，据《宋史》卷二百八十二补。《宋史》卷二百八十二："公退，终日危坐，未尝跛倚。治第封丘门内，厅事前仅容旋马。"

[46]《宋史全文》卷六："及将有汾阴之役，会岁旱，遂奏疏陈不可者十：'陛下才毕东封，更议西幸，非先王卜征五年重谨之意。今国家土木之功累年未息，水旱作沴，饥馑居多。乃欲劳民事神，神其享之乎?'又上疏言：'今之奸臣，以先帝寅畏天灾诏停封禅，故赞陛下力行东封，以为继成先志也。先帝欲北平幽、朔，西取继迁，则未尝献一谋，画一策，而乃卑辞重币，求和于契丹；蹙国縻爵，姑息于保吉，谓主辱臣死为空言，以诬下罔上为己任，是陛下以祖宗艰难之业，为佞邪侥幸之资，臣所以长叹痛哭

也。今乃野雕山鹿并形奏简，秋旱冬雷率皆称贺，将以欺上天，则上天不可欺；将以愚下民，则下民不可愚；将以惑后世，则后世必不信。上玷皇明，不为细也。’疏入，不报。”

[47]“蝗飞翳空”。“翳”原文作“医”，此处当为“翳”，据《通鉴续编》卷五清文渊阁四库全书本改。《通鉴续编》卷五：“六月蝗飞翳空，京畿大蝗，帝遣人至郊，得死蝗以献，帝信之。”

[48]《通鉴续编》卷五：“迪又言：‘陛下土木之役过甚，蝗旱之灾，殆天意以警陛下也。’帝深然之。”

[49]“曾参”。原文“参”作“三”。

[50]“君以尧舜”。原文缺“君”“以”，据《宋九朝编年备要》宋绍定刻本补。《宋九朝编年备要》：“先是，尚氏于上前有侵后语，后不胜忿，批其颊，上自起救之，误批上颈，上大怒。入内都知阎文应因与上谋废后，且劝帝以爪痕示执政。上以示吕夷简，且告之故，夷简亦以前罢相怨后，乃曰：‘古亦有之。’乃诏皇后愿入道，宜封净妃、玉京冲妙仙师，赐名清悟。于是中丞孔道辅率谏官御史孙祖德、范仲淹、段少连、蒋堂、郭劝、杨偕、马绛、宋郊、刘涣十人伏 言后无过不可废。上遣内侍谕道辅等至中书夷简，以皇后当废状告之，且曰：‘废后固汉唐故事。’道辅曰：‘人臣当道，君以尧舜，岂得引汉唐失德为法耶?’夷简不答。明日，将留百官揖宰相廷争，夷简奏言：‘伏请对非太平美事。’有诏出道辅知泰州，仲淹知睦州，祖德等罚金。”

[51]《宋史》卷二百四十二："一日，尚氏于上前有侵后语，后不胜忿，批其颊，上自起救之，误批上颈，上大怒。入内都知阎文应因与上谋废后，且劝帝以爪痕示执政。上以示吕夷简，且告之故，夷简亦以前罢相怨后，乃曰：'古亦有之。'后遂废。诏封为净妃、玉京冲妙仙师，赐名清悟，居长乐宫。于是中丞孔道辅、谏官御史范仲淹段少连等十人伏　言：'后无过，不可废。'道辅等俱被黜责。"

[52]"方契丹拥重兵压境"。原文"方"作"分"，据点校本《宋史全文》卷八上改。

[53]"入对使殿"。原文"使"作"便"，据点校本《宋史全文》卷八上改。

[54]《宋史全文》卷八："前非谓读国史至富郑公奉使一事，未尝不私切倦倦也。方契丹拥重兵压境，使者之来，词意悖慢。上命宰相择所以报聘之人，满朝嘿嘿，无敢行者，独郑公毅然请往。入对使殿，忠激于心，义形于色，仁祖亦为之改容，遂用为报聘使。乃单车入不测之北庭，诘其君，折其口而服其心，无一语少屈。郑公所以能为是者，人皆谓其博洽多闻之功，馀独有取于入对便殿之数语，壮矣哉'主忧臣辱，臣不能爱其死'之言，凛凛乎与秋霜烈日争严。窃谓推是心也，事求其必济，功求其必成，虽鼎镬在前而有所不避，虽甘言重币而有所不能诱。"

[55]"臣窃忧之"。点校本《宋史》卷三百二十："臣切忧之。"

[56]"譬犹病者"。原文"譬"为"臂"，据点校本《宋史》卷三百二十改。

[57]"虽有和偏"。点校本《宋史》卷三百二十："虽有和扁。"

[58]《宋史》卷三百二十："夏竦罢枢密使，韩琦、范仲淹在位，襄言：'陛下罢竦而用琦、仲淹，士大夫贺于朝，庶民歌于路，至饮酒叫号以为欢。且退一邪，进一贤，岂遂能关天下轻重哉？盖一邪退则其类退，一贤进则其类进。众邪并退，众贤并进，海内有不泰乎！虽然，臣切忧之。天下之势，譬犹病者，陛下既得良医矣，信任不疑，非徒愈病，而又寿民。医虽良术，不得尽用，则病且日深，虽有和、扁，难责效矣。'"

[59]《通鉴续编》卷六清文渊阁四库全书本："以章得象、晏殊、贾昌朝、韩琦、范仲淹、杜衍同时登用。"

[60]"及兴太学，诏曰：'下湖州取其法著为令式。'"原文缺"太学""下""著"，据《通鉴续编》卷七清文渊阁四库全书本补。

[61]"上寿之仪"。"仪"原文作"议"，据点校本《宋史全文》卷九上改。

[62]《宋史》卷三百三十七："嘉祐初，暴得疾，中外大小之臣，无不寒心，莫敢先言者。镇独奋曰：'天下事尚有大于此者乎？'即拜疏曰：'置谏官者，为宗庙社稷计。谏官而不以宗庙社稷计事陛下，是爱死嗜利之人，臣不为也。方陛下不豫，海内皇皇莫知所为，陛下独以祖宗后裔为念，是为宗庙之虑，至深且明也。昔太祖舍其子而立太宗，天下之大公也。真宗以周王薨，养宗子于宫中，天下之大虑也。愿以太祖之心，行真宗故事，拔近属之尤贤者，优其礼秩，置之左右，与图天下事，以系亿兆人心。'疏奏，文彦博使客问何所言，以实告，客曰：'如是，何

不与执政谋？’镇曰：‘自分必死，故敢言。若谋于执政，或以为不可，岂得中辍乎？’章累上，不报。执政谕之曰：‘奈何效希名干进之人。’镇贻以书曰：‘比天象见变，当有急兵，镇义当死职，不可死乱兵之下。此乃镇择死之时，尚何顾希名干进之嫌哉？’又言：‘陛下得臣疏，不以留中而付中书，是欲使大臣奉行也。臣两至中书，大臣皆设辞拒臣，是陛下欲为宗庙社稷计，而大臣不欲也。臣窃原大臣畏避之意，恐行之而陛下中变耳。中变之祸，不过一死。国本不立，万一有如天象所告急兵之变，死且有罪，其为计亦已疏矣。愿以臣章示大臣，使其自择死所。’闻者股栗。除兼侍御史知杂事，镇以言不从，固辞。执政谕镇曰：‘今间言已入，为之甚难。’镇复书执政曰：‘事当论其是非，不当问其难易。诸公谓今日难于前日，安知异日不难于今日乎？’凡见上面陈者三，言益恳切。镇泣，帝亦泣，曰：‘朕知卿忠，卿言是也，当更俟三二年。’章十九上，待命百余日，须发为白。朝廷知不能夺，乃罢知谏院，改集贤殿修撰，纠察在京刑狱，同修起居注，遂知制诰。镇虽解言职，无岁不申前议。见帝春秋益高，每因事及之，冀以感动帝意。至是，因入谢，首言：‘陛下许臣，今复三年矣，愿早定大计。’又因祫享，献赋以讽。其后韩琦遂定策立英宗。”

[63]“光以二札子上殿其一论《君德》”。“以二札子”原文缺，据《太平治迹统类》卷九清文渊阁四库全书本补。

[64]“泛爱群生”。“泛”原文缺，据《续资治通鉴长编》卷一百九十四清文渊阁四库全书本补。

[65]“端拱渊然”。《续资治通鉴长编》卷一百九十四，清文渊阁四库全书本，作“端拱渊默”。《温国文正公文集》温国文正公文集卷第十八，四部丛刊景宋绍兴本，作“端拱渊嘿”。

[66]“太祖肇之”。点校本《宋史全文》卷九上作“太祖基之”。

[67]《宋史·英宗本纪》卷十三：“英宗体乾应历隆功盛德宪文肃武睿圣宣孝皇帝，讳曙，濮安懿王允让第十三子，母曰仙游县君任氏。明道元年正月三日，生于宣平坊第。初，王梦两龙与日并堕，以衣承之。及帝生，赤光满室，或见黄龙游光中。四岁，仁宗养于内。宝元二年，豫王生，乃归濮邸。”

[68]《宋史·英宗本纪》卷十三：“帝天性笃孝，好读书，不为燕嬉亵慢，服御俭素如儒者。每以朝服见教授，曰：‘师也，敢弗为礼。’时吴王宫教授吴充进《宗室六箴》，仁宗付宗正，帝书之屏风以自戒。景祐三年，赐名宗实，授左监门卫率府副率，累迁右羽林军大将军、宜州刺史。皇祐二年，为右卫大将军、岳州团练使。嘉祐中，宰相韩琦等请建储，仁宗曰：‘宗子已有贤知可付者，卿等其勿忧。’时帝方服濮王丧。六年十月辛卯，起为秦州防御使、知宗正寺，帝以终丧辞。奏四上，乃听。丧终，复授前命，又辞。七年八月，许罢宗正，复为岳州团练使。戊寅，立为皇子。癸未，改今名。”

[69]“其德望服人心久矣”。原文缺“其德望服”与“久矣”，据点校本《宋史全文》卷十补。

[70]“至于处事应变”。原文缺“于处事”与“变”，据点校本

《宋史全文》卷十补。

[71]“胸中才智又以是运用天下”。原文缺“胸中”“智”“运”，据点校本《宋史全文》卷十补。点校本《宋史全文》卷十：“胸中才智又足以运用天下。”

[72]“此其所以正英宗之始欤?”原文缺“此”“所”“英宗之始欤”，据点校本《宋史全文》卷十补。

[73]“在真宗之初则有吕端，在仁宗之初则有王曾，其皆安国家、定社稷之名臣欤?”原文缺“在真宗之初则有吕端”“稷”“名臣欤”，据点校本《宋史全文》卷十补。

[74]《宋史·欧阳修传》卷三百一十九：“（欧阳）修平生与人尽言无所隐。及执政，士大夫有所干请，辄面谕可否，虽台谏官论事，亦必以是非诘之，以是怨诽益众。帝将追崇濮王，命有司议，皆谓当称皇伯，改封大国。修引《丧服记》，以为：‘“为人后者，为其父母报。”降三年为期，而不没父母之名，以见服可降而名不可没也。若本生之亲，改称皇伯，历考前世，皆无典据。进封大国，则又礼无加爵之道。故中书之议，不与众同。’太后出手书，许帝称亲，尊王为皇，三夫人为后。帝不敢当。于是御史吕诲等诋修主此议，争论不已，皆被逐。”

[75]《宋史·英宗本纪》卷十三：“（治平三年正月）辛巳，诏臣民避濮安懿王讳，以王子宗懿为濮国公。”

[76]“然不以正统之亲踈而皆为齐衰”。点校本《宋史全文》卷十：“然不以正统之亲疏皆为齐衰。”

[77]《宋史·英宗本纪》卷十三：“四年春正月庚戌朔，群臣上尊号曰体乾膺历文武圣孝皇帝。降天下囚罪一等，徒以下

释之。大风霾。辛亥，蠲京师逋曲钱。丁巳，帝崩于福宁殿，寿三十六。谥曰宪文肃武宣孝皇帝，庙号英宗。”

[78] “万一蹉跌”。《宋史·韩琦传》卷三百一十二：“万一蹉跌。”

[79]《宋史·王安石传》卷三百二十七：“熙宁元年四月，始造朝。入对，帝问为治所先，对曰：‘择术为先。’帝曰：‘唐太宗何如?’曰：‘陛下当法尧、舜，何以太宗为哉? 尧、舜之道，至简而不烦，至要而不迂，至易而不难。但末世学者不能通知，以为高不可及尔。’帝曰：‘卿可谓责难于君，朕自视眇躬，恐无以副卿此意。可悉意辅朕，庶同济此道。’”

[80]《宋史·司马光传》卷三百三十六：“执政以河朔旱伤，国用不足，乞南郊勿赐金帛。诏学士议，光与王珪、王安石同见，光曰：‘救灾节用，宜自贵近始，可听也。’安石曰：‘常衮辞堂馔，时以为衮自知不能，当辞位不当辞禄。且国用不足，非当世急务，所以不足者，以未得善理财者故也。’光曰：‘善理财者。不过头会箕敛尔。’安石曰：‘不然，善理财者，不加赋而国用足。’光曰：‘天下安有此理? 天地所生财货百物，不在民，则在官，彼设法夺民，其害乃甚于加赋。此盖桑羊欺武帝之言，太史公书之以见其不明耳。’争议不已。帝曰：‘朕意与光同，然姑以不允答之。’会安石草诏，引常衮事责两府，两府不敢复辞。”

[81]《宋史·富弼传》卷三百一十三：“时有为帝言灾异皆天数，非关人事得失所致者。弼闻而叹曰：‘人君所畏惟天，

若不畏天，何事不可为者！此必奸人欲进邪说，以摇上心，使辅拂谏争之臣，无所施其力。是治乱之机，不可以不速救。’即上书数千言，力论之。又言：‘君子小人之进退，系王道之消长，愿深加辨察，勿以同异为喜怒、喜怒为用舍。陛下好使人伺察外事，故奸险得志。又多出亲批，若事事皆中，亦非为君之道；脱十中七八，积日累月，所失亦多。今中外之务渐有更张，大抵小人惟喜生事，愿深烛其然，无使有悔。’”

[82]《宋史·王安石传》卷三百二十七：“二年二月，拜参知政事。上谓曰：‘人皆不能知卿，以为卿但知经术，不晓世务。’安石对曰：‘经术正所以经世务，但后世所谓儒者，大抵皆庸人，故世俗皆以为经术不可施于世务尔。’上问：‘然则卿所施设以何先？’安石曰：‘变风俗，立法度，最方今之所急也。’上以为然。于是设制置三司条例司，命与知枢密院事陈升之同领之。安石令其党吕惠卿任其事。而农田水利、青苗、均输、保甲、免役、市易、保马、方田诸役相继并兴，号为新法，遣提举官四十余辈，颁行天下。”

[83]《邵氏闻见前录》卷十九：“康节先公先天之学，伯温不肖，不敢称赞。平居于人事机祥未尝辄言，治平间，与客散步天津桥上，闻杜鹃声，惨然不乐。客问其故，则曰：‘洛阳旧无杜鹃，今始至，有所主。’客曰：‘何也？’康节先公曰：‘不二年，上用南士为相，多引南人，专务变更，天下自此多事矣！’客曰：‘闻杜鹃何以知此？’康节先公曰：‘天下将治，地气自北而南，将乱，自南而北。今南

方地气至矣，禽鸟飞类，得气之先者也。’”

[84]《宋史·唐介传》卷三百一十六：“安石既执政，奏言：‘中书处分札子，皆称圣旨，不中理者十八九，宜止令中书出牒。’帝愕然。介曰：‘昔寇准用札子迁冯拯官不当，拯诉之，太宗谓：“前代中书用堂牒，乃权臣假此为威福。太祖时以堂帖重于敕命，遂削去之。今复用札子，何异堂帖?”张洎因言：“废札子，则中书行事，别无公式。”太宗曰：“大事则降敕，其当用札子，亦须奏裁。”此所以称圣旨也。如安石言，则是政不自天子出，使辅臣皆忠贤，犹为擅命，苟非其人，岂不害国?’帝以为然，乃止。介自是数与安石争论。安石强辩，而帝主其说。介不胜愤，疽发于背，薨，年六十。”

[85]《宋史·王安石传》卷三百二十七：“御史中丞吕诲论安石过失十事，帝为出诲，安石荐吕公著代之。韩琦谏疏至，帝感悟，欲从之，安石求去。司马光答诏，有‘士夫沸腾，黎民骚动’之语，安石怒，抗章自辨，帝为巽辞谢，令吕惠卿谕旨，韩绛又劝帝留之。安石入谢，因为上言中外大臣、从官、台谏、朝士朋比之情，且曰：‘陛下欲以先王之正道胜天下流俗，故与天下流俗相为重轻。流俗权重，则天下之人归流俗；陛下权重，则天下之人归陛下。权者与物相为重轻，虽千钧之物，所加损不过铢两而移。今奸人欲败先王之正道，以沮陛下之所为。于是陛下与流俗之权适争轻重之时，加铢两之力，则用力至微，而天下之权，已归于流俗矣，此所以纷纷也。’上以为然。安石乃视事，琦说不得行。”

［86］《宋史·神宗本纪二》卷十五："三年春正月癸丑，录唐李氏、周柴氏后。乙卯，诏诸路散青苗钱禁抑配。戊午，判尚书省张方平罢知陈州。"

［87］《宋史·司马光传》卷三百三十六："安石以韩琦上疏，卧家求退。帝乃拜光枢密副使，光辞之曰：'陛下所以用臣，盖察其狂直，庶有补于国家。若徒以禄位荣之，而不取其言，是以天官私非其人也。臣徒以禄位自荣，而不能救生民之患，是盗窃名器以私其身也。陛下诚能罢制置条例司，追还提举官，不行青苗、助役等法，虽不用臣，臣受赐多矣。今言青苗之害者，不过谓使者骚动州县，为今日之患耳。而臣之所忧，乃在十年之外，非今日也。夫民之贫富，由勤惰不同，惰者常乏，故必资于人。今出钱贷民而敛其息，富者不愿取，使者以多散为功，一切抑配。恐其逋负，必令贫富相保，贫者无可偿，则散而之四方；富者不能去，必责使代偿数家之负。春算秋计，展转日滋，贫者既尽，富者亦贫。十年之外，百姓无复存者矣。又尽散常平钱谷，专行青苗，它日若思复之，将何所取？富室既尽，常平已废，加之以师旅，因之以饥馑，民之羸者必委死沟壑，壮者必聚而为盗贼，此事之必至者也。'抗章至七八，帝使谓曰：'枢密，兵事也，官各有职，不当以他事为辞。'对曰：'臣未受命，则犹侍从也，于事无不可言者。'安石起视事，光乃得请，遂求去。"《宋史·神宗本纪》卷十五："（熙宁三年四月）戊辰，御史中丞吕公著贬知颍州。"《宋史·吕公著传》与《宋史·神宗本纪》所记吕公著被贬时间不一。

[88]《宋史·吕公著传》卷三百三十六："（熙宁）二年，为御史中丞。时王安石方行青苗法，公著极言曰：'自古有为之君，未有失人心而能图治，亦未有能胁之以威、胜之以辩而能得人心者也。昔日之所谓贤者，今皆以此举为非，而生议者一切诋为流俗浮论，岂昔皆贤而今皆不肖乎？'安石怒其深切。帝使举吕惠卿为御史，公著曰：'惠卿固有才，然奸邪不可用。'帝以语安石，安石益怒，诬以恶语，出知颍州。"

[89]《宋史·神宗本纪》卷十五："（熙宁三年四月）己卯，赵抃罢知杭州，以韩绛参知政事。"

[90]《宋史·道学》卷四百二十七："王安石执政，议更法令，中外皆不以为便，言者攻之甚力。颢被旨赴中堂议事，安石方怒言者，厉色待之。颢徐曰：'天下事非一家私议，愿平气以听。'安石为之愧屈。自安石用事，颢未尝一语及于功利。居职八九月，数论时政，最后言曰：'智者若禹之行水，行其所无事也；舍而之险阻，不足以言智。自古兴治立事，未有中外人情交谓不可而能有成者，况于排斥忠良，沮废公议，用贱陵贵，以邪干正者乎？正使徼幸有小成，而兴利之臣日进，尚德之风浸衰，尤非朝廷之福。'遂乞去言职。安石本与之善，及是虽不合，犹敬其忠信，不深怒，但出提点京西刑狱。颢固辞，改签书镇宁军判官。司马光在长安，上疏求退，称颢公直，以为己所不如。"《宋史·神宗本纪》卷十五："（熙宁三年四月）监察御史里行程颢罢为京西路同提点刑狱。"《宋史·神宗本纪》与《宋史·道学》记载程颢贬官职位不一致。

[91]《宋史·神宗本纪》卷十五："（熙宁三年四月）壬午，右正言李常贬通判滑州。"

[92]《宋史·神宗本纪》卷十五："（熙宁三年四月壬午）监察御史里行张戬贬知公安县。"

[93]《宋史·神宗本纪》卷十五："（熙宁三年七月）壬辰，吕公弼罢枢密使。"

[94]《宋史·孔文仲传》卷三百四十四："熙宁初，翰林学士范镇以制举荐，对策九千余言，力论王安石所建理财、训兵之法为非是，宋敏求第为异等。安石怒，启神宗，御批罢归故官。齐恢、孙固封还御批，韩维、陈荐、孙永皆力言文仲不当黜，五上章，不听。范镇又言：'文仲草茅疏远，不识忌讳。且以直言求之，而又罪之，恐为圣明之累。'亦不听。苏颂叹曰：'方朝廷求贤如饥渴，有如此人而不见录，岂其论太高而难合邪，言太激而取怨邪？'"

[95]《续资治通鉴长编》卷二百十六："诏翰林学士、户部侍郎兼侍读、集贤殿修撰范镇落翰林学士，依前户部侍郎致仕。先是，镇奏乞致仕曰：'臣近举苏轼谏官，蒙御史劾奏；又举孔文仲应制科，蒙下流内铨，告谕令归本任。职臣之故，上累圣德，下累贤才，臣无面颜复齿班列，望除臣致仕，仍不转官，以赎轼贩盐诬妄之罪，及文仲对策切直之过。'不报。又奏：'轼治平中父死京师，先帝赐之绢百匹、银百两，辞不受，而请赠父官。先帝嘉其意，赠其父光禄寺丞，又敕诸路应副人船。是时，韩琦亦与之银三百两，欧阳修与二百两，皆辞不受。轼之风节，亦可概见矣。今言者以为多差人船贩私盐，是厚诬也。轼有古今之

学，文章高于时，又敢言朝廷得失，臣所以举充谏官。今反为轼之累，臣岂得默默不为一言！又文仲对策，中外皆言其切直，设有过当，亦由小官疏外，不识忌讳。且以直言求之，而以直言罪之，是罔天下忠直而纳之罪罟，岂不为圣明之累乎？陛下聪明睿智，欲为尧、舜、汤、文之所为，而乃拒忠谏，恶直言，臣窃惜之。乞明辨轼之无过，恕文仲之直言，除臣致仕。'"

[96]《宋史·范镇传》卷三百三十七："王安石改常平为青苗，镇言：'常平之法，起于汉盛时，视谷贵贱发敛，以便农末，最为近古，不可改。而青苗行于唐之衰世，不足法。且陛下疾富民之多取而少取之，此正百步、五十步之间耳。今有两人坐市贸易，一人故下其直以相倾，则人皆知恶之，可以朝廷而行市道之所恶乎？'"

[97]《续资治通鉴长编》卷二百十六："最后奏曰：'臣请致仕，已四上章，历日弥旬，未闻可报。缘臣所怀，有可去者二：臣言青苗不见听，一可去；荐苏轼、孔文仲不见用，二可去。负二可去，重之以多病早衰，其可以已乎！今有人言，献忠与献佞孰是？必曰献忠是。纳谏与拒谏孰是？必曰纳谏是。苏轼、孔文仲可谓献忠矣，陛下拒而不纳，是必有献佞以误陛下者，不可不察也。若李定避持服，遂不认母，是坏人伦、逆天理也，而欲以为御史，御史台为之罢陈荐，舍人院为之罢宋敏求、李大临、苏颂，谏院罢胡宗愈。王韶上书肆意欺罔，以兴造边事，败则置而不问，反为之罪帅臣李师中。及御史一言苏轼，下七路掊摭其过。孔文仲则遣之归任。以此二人况彼二人，以此事理

观彼事理，孰是孰非，孰得孰失，陛下聪明之主，其可以逃圣鉴乎？惟审思而熟计之。朝廷所恃者赏罚，而赏罚如此，如天下何！如宗庙社稷何！至于言青苗，则曰有见效者，岂非岁得缗钱数十百万？缗钱数十百万，非出于天，非出于地，非出于建议者之家，一出于民。民犹鱼也，财犹水也，水深则鱼活，财足则民有生意。养民而尽其财，譬犹养鱼而欲竭其水也。今之官但能多散青苗、急其期会者，则有自知县擢为转运判官、提点刑狱，急进侥幸之人，岂复顾陛下百姓乎？陛下有纳谏之资，大臣进拒谏之计；陛下有爱民之性，大臣用残民之术。臣职献替，而无一言，则负陛下多矣！臣知言入触大臣之怒，罪在不测。然臣尝以忠事仁祖，仁祖不赐之死，才听解言职而已；以礼事英宗，英宗不加之罪，才令补畿郡而已。所不以事仁祖、英宗之心而事陛下，是臣自弃于此世也。臣为此章欲上而中止者数矣，既而自谓曰：今而后归伏田间，虽有忠言嘉谋，不得复闻朝廷矣！惟陛下裁赦，早除臣致仕。’”

[98]《续资治通鉴长编》卷二百十六：“王安石见之，大怒，持其书至手战。冯京谓安石曰：‘何必尔。’安石命直舍人院蔡延庆草制，不称意，更命王益柔，而安石又自窜改其辞曰：‘镇顷居谏省，以朋比见攻；晚置翰林，以阿谀受斥。而每托论议之公，欲济倾邪之恶。乃至厚诬先帝，以盖其附下罔上之丑；力引小人，而狃于败常乱俗之奸。稽用典刑，诚宜窜殛；宥之田里，姑示宽容。’凡所应得恩例，悉不之与。闻者皆为镇惧，镇上表谢，其略曰：‘虽曰乞身而去，敢忘忧国之心！’又曰：‘望陛下集群议为耳目，

以除壅蔽之奸；任老臣为腹心，以养和平之福。’天下闻而壮之。安石虽诋之深，人更以为荣焉。司马光预作镇传曰：‘吕献可之先见，范景仁之勇决，皆予所不及也。’”

[99]《宋史·范镇传》卷三百三十七：“疏五上，其后指安石用喜怒为赏罚，曰：‘陛下有纳谏之资，大臣进拒谏之计；陛下有爱民之性，大臣用残民之术。臣知言入触大臣之怒，罪且不测。然臣职献替而无一言，则负陛下矣。’疏入，安石大怒，持其疏至手颤，自草制极诋之。以户部侍郎致仕，凡所得恩典，悉不与。镇表谢，略曰：‘愿陛下集群议为耳目，以除壅蔽之奸；任老成为腹心，以养和平之福。’天下闻而壮之。安石虽诋之深切，人更以为荣。既退，苏轼往贺曰：‘公虽退，而名益重矣！’镇愀然曰：‘君子言听计从，消患于未萌，使天下阴受其赐，无智名，无勇功；吾独不得为此，使天下受其害而吾享其名，吾何心哉！’日与宾客赋诗饮酒，或劝使称疾杜门，镇曰：‘死生祸福，天也，吾其如天何！’同天节乞随班上寿，许之，遂为令。轼得罪，下台狱，索与镇往来书文甚急，犹上书论救。久之，徙居许。”

[100]《宋史纪事本末·王安石变法》卷三十七：“以邓绾为侍御史，判司农寺。初，绾通判宁州，知王安石得君专政，乃条上时事数十，以为：‘宋兴百年，习安玩治，当事更化。’且言：‘陛下得伊、周之佐，作青苗、免役等法，民莫不歌舞圣泽。愿勿移于浮议而坚行之。’复贻安石书，极其佞谀，由是安石力荐于帝，遂驿召对。”

[101]《宋史纪事本末·王安石变法》卷三十七：“时，保甲法

行，帝闻乡民忧无钱买弓矢，加以传惑徙之戍边，父子聚泣，语王安石曰：'保甲宜缓而密。'安石对曰：'日力可惜。'韩维时知开封，上言：'诸县团结保甲，乡民惊扰，至有截指断腕以避丁者。乞候农隙排定。'帝以问安石，安石对曰：'此固未可知。就令有之，亦不足怪。'帝曰：'民言合而听之则圣，亦不可不畏也。'安石对曰：'为天下者，如止欲任民情所愿而已，则何必立君而为之张官置吏也！大抵保甲法不特除盗，固可渐习为兵，且省财费。惟陛下果断，不恤人言以行之。'帝遂变河东、北、陕西三路义勇如府畿保甲法。未几，维出知襄州。"

[102]《宋史·王安石传》卷三百二十七："欧阳修乞致仕，冯京请留之，安石曰：'修附丽韩琦，以琦为社稷臣。如此人，在一郡则坏一郡，在朝廷则坏朝廷，留之安用？'乃听之。"

[103]《宋史纪事本末·王安石变法》卷三十七："杨绘又上疏言：'老成人不可不惜。当今旧臣多引疾求去，范镇年六十有三，吕诲年五十有八，欧阳修年六十有五而致仕，富弼年六十有八而引疾，司马光、王陶皆五十而求散地。陛下可不思其故乎！'安石闻而深恶之。"

[104]《宋史纪事本末·王安石变法》卷三十七："刘挚为安石所器，拜监察御史里行，入见帝，面赐褒谕，因问：'卿从学王安石邪？安石极称卿器识。'对曰：'臣东北人，少孤独学，不识安石也。'退而上疏曰：'君子、小人之分，在义利而已。小人希赏之志每在事先，奉公之心每在私后。陛下有劝农之意，今变而为烦扰；陛下有均役

之意，今倚以为聚敛。天下有喜于敢为，有乐于无事，彼以此为流俗，此以彼为乱常，畏义者以进取为可耻，嗜利者以守道为无能，此风浸成，汉、唐党祸必起矣。’”

[105]“侠少儇辨者”。《宋史·刘挚传》卷三百四十：“狭少儇辨者。”

[106]“凡政府谋议经画”。原文“凡”作“仁”，据《宋史纪事本末·王安石变法》卷三十七改。

[107]“仁政府谋议经画”。《宋史·刘挚传》卷三百四十：“凡政府谋议经画，除用进退。”

[108]《宋史纪事本末·王安石变法》卷三十七：“明日复上疏曰：‘陛下夙夜励精，以亲庶政，天下未致于安且治者，谁致之邪？陛下注意以望太平，而自以太平为己任，得君专政者是也。二三年间，开阖摇动，举天地之内，无一民一物得安其所者。其议财，则市井屠贩之人皆召至政事堂；其征利，则下至历日而官自鬻之，推此以往，不可究言。轻用名器，淆混贤否。忠厚老成者摈之为无能，侠少儇辩者取之为可用，守道忧国者谓之为流俗，败常害民者谓之为通变。凡政府谋议经画，除用进退，独与一掾属曾布者论定，然后落笔，同列预闻，反在其后，故奔走乞丐之人，布门如市。今西夏之款未入，反侧之兵未安，三边疮痍，流溃未定，河北大旱，诸路大水，民劳财乏，县官减耗，圣上忧勤念治之时，而政事如此，皆大臣误陛下，而大臣所用者误大臣也。’疏奏，安石欲窜挚岭外，帝不许，诏贬绘知郑州，谪挚监衡州盐仓，瑑亦落职。遣访察使遍行诸路，促成役书。”

[109]《续资治通鉴长编》："右谏议大夫、提举崇福宫吕诲致仕。诲言：'臣本无宿疾，偶值医者用术乖方。殊不知脉候有虚实，阴阳有逆顺，诊察有标本，治疗有后先。妄投汤剂，率任情意，差之指下，祸延四支，寖成风痹，遂艰行步。非只惮戾之苦，又将虞心腹之变。势已及此，为之奈何！虽然一身之微，固未足恤，其如九族之托，良以为忧。是思逃禄以偷生，不俟引年而还政。'盖以身疾喻朝政也。诲病，亟手书属司马光为墓铭。光往省之，至则目且瞑，光呼曰：'更有以见属乎?'诲张目强视曰：'天下事尚可为，君实勉之!'遂卒。"

《宋史纪事本末·王安石变法》卷三十七："（熙宁四年）五月甲午，右谏议大夫吕诲卒。诲有疾，表乞致仕，曰：'臣本无宿疾，偶值医者用术乖方，妄投药剂，寖成风痹，遂艰行步，非只惮 戾之苦，又将虞心腹之变。势已及此，为之奈何?虽然，一身之微，固未足惜，其如九族之托，良以为忧!'盖以身疾喻朝政也。至是病亟，司马光往省之，至则目已瞑，闻光哭，张目强视，曰：'天下事尚可为，君实勉之!'遂卒，年五十八。海内识与不识，咸痛惜之。"

[110]《续资治通鉴长编》卷六十九："（熙宁五年三月）戊戌，判汝州富弼致仕。弼至汝两月，即上言：'新法臣所不晓，不可以治郡，愿归洛养疾。'许之。弼虽家居，朝廷有大利害，知无不言。帝虽不尽用，而眷礼不衰。王安石尝有所建明，帝却之曰：'富弼手疏称"老臣无以告诉，但仰屋窃叹"者，即当至矣。'其敬之如此。"

[111]《续资治通鉴长编》卷二百三十七："（熙宁五年）颍州言观文殿学士、太子少师致仕欧阳修卒。赠太子太师。太常初谥曰'文'，常秩曰：'修有定策之功，请加以"忠。"'乃谥文忠。"

[112]《宋史·神宗本纪》卷十五："（熙宁五年九月）丙寅，少华山崩。"

[113]《续资治通鉴长编》卷二百四十一："王安石为上言：'三司节略吕嘉问起请，仪鸾司供内中彩帛文字却奏云为碍吕嘉问起请，乞指挥。其意盖以内东门索彩帛作禁中上元，而嘉问起请，致妨阙，欲中伤嘉问，且归咎于中书立法，此事不可不察也。'上笑曰：'副使、判官为谁?'曰：'王克臣、晏知止。'上曰：'如何行遣?'安石曰：'欲送吏人开封府勘断，副使、判官具与上簿。'上从之。安石曰：'如此等事，非陛下躬俭节用，人臣岂敢如此立法？臣见陛下于殿上盖毡，尚御批减省，以此知不肯用上等匹帛縻费于结络。'上曰：'本朝祖宗皆爱惜天物，不肯横费，如此縻费欲何为？汉文帝曰："朕为天下守财尔!"'安石曰：'人主若能以尧、舜之政泽天下之民，虽竭天下之力以奉乘舆，不为过当。守财之言，非天下正理，然陛下圣心高远，如纷华盛丽无可累心，故安于俭节，自是盛德，足以率励风俗，此臣所以不敢不上体圣心也。'"

[114]《宋史·文彦博传》卷三百一十三："夏人犯大顺，庆帅李复圭以陈图方略授钤辖李信等，趣使出战。及败，乃妄奏信罪。彦博暴其非，宰相王安石曲诛信等，秦人冤

之。庆州兵乱，彦博言于帝曰：‘朝廷行事，务合人心，宜兼采众论，以静重为先。陛下厉精求治，而人心未安，盖更张之过也。祖宗法未必皆不可行，但有偏而不举之敝尔。’安石知为己发，奋然排之曰：‘求去民害，何为不可？若万事隳脞，乃西晋之风，何益于治？’御史张商英欲附安石，摭枢密使他事以摇彦博，坐不实贬。彦博在枢府九年，又以极论市易司监卖果实，损国体敛民怨，为安石所恶，力引去。拜司空、河东节度使、判河阳，徙大名府。身虽在外，而帝眷有加。”

《续资治通鉴长编》卷二百二十一：“戊子，上巳假，上召二府对资政殿，出陕西转运使奏庆州军乱示之，上深以用兵为忧。文彦博曰：‘朝廷施为，务合人心，以静重为先。凡事当兼采众论，不宜有所偏听。陛下即位以来，励精求治，而人情未安，盖更张之过也。祖宗以来法制，未必皆不可行，但有废坠不举之处耳。’上曰：‘三代圣王之法，固亦有弊，国家承平百年，安得不小有更张？’王安石曰：‘朝廷但求民害者去之，有何不可？万事颓堕如西晋之风，兹益乱也。’吴充曰：‘朝廷举事，每欲便民，而州县奉行之吏多不能体陛下意，或成劳扰。至于救敝，亦宜以渐。’上颔之。”按：《宋史·文彦博传》所记时间为熙宁二年，而《续资治通鉴长编》所记时间为熙宁四年三月。

[115]《宋史·王安石传》卷三百二十七：“七年春，天下久旱，饥民流离，帝忧形于色，对朝嗟叹，欲尽罢法度之不善者。安石曰：‘水旱常数，尧、汤所不免，此不足招圣

虑，但当修人事以应之。’帝曰：‘此岂细事，朕所以恐惧者，正为人事之未修尔。今取免行钱太重，人情咨怨，至出不逊语。自近臣以至后族，无不言其害。两宫泣下，忧京师乱起，以为天旱更失人心。’安石曰：‘近臣不知为谁，若两宫有言，乃向经、曹佾所为尔。’冯京曰：‘臣亦闻之。’安石曰：‘士大夫不逞者以京为归，故京独闻此言，臣未之闻也。’”

[116]《宋史·王安石传》卷三百二十七：“监安上门郑侠上疏，绘所见流民扶老携幼困苦之状，为图以献，曰：‘旱由安石所致。去安石，天必雨。’侠又坐窜岭南。慈圣、宣仁二太后流涕谓帝曰：‘安石乱天下。’帝亦疑之，遂罢为观文殿大学士、知江宁府，自礼部侍郎超九转为吏部尚书。”

[117]《邵氏闻见前录》：“韩魏公疏曰：‘臣观近年以来，朝廷举事则似不以大敌为恤，虏人见形生疑，必谓我有图复燕南之意。虽闻虏主孱而妄弱，岂无强梁宗属，与夫谋臣策士，引先发制人之说，造此衅端？故屡遣使以争理地界为名，观我应之之实如何尔。其所致虏之疑者七事：高丽臣属契丹，于朝廷久绝朝贡，乃因商舶招谕而来，且高丽来与不来，于国家固无损益，而契丹知之，谓朝廷将以图我，一也。吐蕃部族不相君长，未尝为边患，而强取其地，乃及熙河一路，杀其老弱以数万计，所费不赀，契丹闻之，当谓行将及我，二也。边近西山，地势高仰，不可为溏泺，向闻遣使部兵，遍置榆柳，冀其成长，以制虏骑，昔庆历《慢书》，所谓创立堤防，障塞

要路，无以异矣，三也。义勇民兵，将校甚整，教习亦精，而忽创团保甲，一道纷然，义勇人，十去其七，破可用之成法，得增数之虚名，四也。河北诸州，缘边近里，城池工筑并兴，增置防城之具，检视衣甲器械，五也。创都作院，颁降弓刀新样，大作战车，此皆众目所睹，谍者易窥，费财殚力，先自困毙，六也。置河北三十七将，各专军政，州县不得关预，声言出征，又深见可疑之形，七也。夫北虏素为敌国，因疑起事，不得不然，亦其善自为谋者也。今横使再至，初示偃蹇，以探伺朝廷，况代北与雄州素有定界，若优容而与之，虏情无厌，浸淫日甚；不许，虏遂持此以为己直，纵未大举，势必渐扰诸边，卒隳盟好。臣昔曾言青苗钱事，而言者辄赐厚诬，非陛下之明，几及大戮。自此闻新法日下，实避嫌疑，不敢论列。今亲被诏问，事系国家安危，言及而隐，罪不容诛。臣尝窃计始为陛下谋者，必曰自祖宗以来，因循苟简，治国之本，当先富强，聚财积谷，寓兵于民，则可以鞭笞四夷，尽复唐之故疆。然后制礼作乐，以文太平。故散青苗钱，使民出利；又为免役之法，次第取钱，虽百端补救，终非善法，此所谓富国之术者也。又内外置市易务，小商细民，无措手足，加以新制日下，更改无常，官吏茫然，不能详记。违者坐徒，不以赦降，监司督责，以刻为明，簿法之苛，过于告缗。今农夫怨于畎亩，商旅叹于道路，官吏不安其职，恐陛下不尽知也。夫欲攘斥四夷，以兴太平，而先使邦本困摇，众心离怨，此则陛下始谋者大误也。陛下有尧之仁，舜之聪，改过不吝，圣人之德也。而又好进之人不顾国家利害，但谓边事将作，富贵可图，必曰虏势已衰，特外示骄慢尔。以陛下神圣文武，若择将臣领大兵深入虏境，则强划之地，一举可复。此又未之思也。今河朔累岁灾伤，民力大乏，缘边次边州郡，刍粮不充，新选将官，皆粗勇寡谋之人，义勇保甲新兴，未经训练；若驱重兵顿于坚城之下，粮道不继，腹背受敌，虽曹彬、米信，名德宿将，犹以此致歧沟之败也。臣愚今为陛下计，谓宜遣使报聘，优致礼币，具言朝廷向来兴作，乃修备之常，与北朝通好之久，自古所无，岂有它意？恐为谍者所误耳！且疆土素定，当如旧界，请命边吏退近者侵占之地，不可持此造端，隳累世之好，永敦信誓，两绝嫌疑。望陛下以自见可疑之形，如将官之类，因而罢去，以释虏疑，则可以迁延岁月。陛下益养民爱力，重贤任能，疏远奸谀，进用忠鲠，天下悦服，边备日充，塞下有余蓄，帑中有羡财。虏果自败盟誓，有衰乱之形，然后一振威武，恢复故疆，快忠义不平之心，雪祖宗累朝之愤矣。’”

[118]《宋史·王安石传》卷三百二十七：“十月，彗出东方，诏求直言，及询政事之未协于民者。安石率同列疏言：‘晋武帝五年，彗出轸；十年，又有孛。而其在位二十八年，与乙巳占所期不合。盖天道远，先王虽有官占，而所信者人事而已。天文之变无穷，上下傅会，岂无偶合。周公、召公，岂欺成王哉。其言中宗享国日久，则曰“严恭寅畏，天命自度，治民不敢荒宁”。其言夏、商多

历年所，亦曰“德”而已。禆灶言火而验，欲禳之，国侨不听，则曰“不用吾言，郑又将火”。侨终不听，郑亦不火。有如禆灶，未免妄诞，况今星工哉？所传占书，又世所禁，誊写伪误，尤不可知。陛下盛德至善，非特贤于中宗，周、召所言，则既阅而尽之矣，岂须愚瞽复有所陈。窃闻两宫以此为忧，望以臣等所言，力行开慰。’帝曰：‘闻民间殊苦新法。’安石曰：‘祁寒暑雨，民犹怨咨，此无庸恤。’帝曰：‘岂若并祁寒暑雨之怨亦无邪？’安石不悦，退而属疾卧，帝慰勉起之。其党谋曰：‘今不取上素所不喜者暴进用之，则权轻，将有窥人间隙者。’安石是其策。帝喜其出，悉从之。时出师安南，谍得其露布，言：‘中国作青苗、助役之法，穷困生民。我今出兵，欲相拯济。’安石怒，自草敕榜诋之。”

[119]《宋史·王安礼传》卷三百二十七：“进知制诰。彗星见，诏求直言。安礼上疏曰：‘人事失于下，变象见于上。陛下有仁民爱物之心，而泽不下究，意者左右大臣不均不直，谓忠者为不忠，不贤者为贤，乘权射利者，用力殚于沟瘠，取利究于园夫，足以干阴阳而召星变。愿察亲近之行，杜邪枉之门。至于祈禳小数，贬损旧章，恐非所以应天者。’帝览数嘉叹，谕之曰：‘王珪欲使卿条具，朕尝谓不应沮格人言，以自壅障。今以一指蔽目，虽泰、华在前弗之见，近习蔽其君，何以异此，卿当益自信。’”

[120]《曹瑞集》卷四：“古灵陈先生为仙居令，教其民曰：‘为吾民者，父义，母慈，兄友，弟恭，子孝；夫妇有恩，

男女有别，子弟有学，乡闾有礼；贫穷患难，亲戚相救；婚姻死丧，邻佑相助；无惰农业，无作盗贼，无学赌博，无好争讼，无以恶凌善，无以富吞贫；行者让路，耕者让畔，斑白者不负戴于道路，则为礼义之俗矣。'”

[121]《宋史·道学》卷四百二十七："雍少时，自雄其才，慷慨欲树功名。于书无所不读，始为学，即坚苦刻厉，寒不炉，暑不扇，夜不就席者数年。已而叹曰：'昔人尚友于古，而吾独未及四方。'于是逾河、汾，涉淮、汉，周流齐、鲁、宋、郑之墟，久之，幡然来归，曰：'道在是矣。'遂不复出。"

[122]《宋史·道学》卷四百二十七："初至洛，蓬荜环堵，不芘风雨，躬樵爨以事父母，虽平居屡空，而怡然有所甚乐，人莫能窥也。及执亲丧，哀毁尽礼。富弼、司马光、吕公著诸贤退居洛中，雅敬雍，恒相从游，为市园宅。"

[123]《宋史·道学》卷四百二十七："熙宁行新法，吏牵迫不可为，或投劾去。雍门生故友居州县者，皆贻书访雍，雍曰：'此贤者所当尽力之时，新法固严，能宽一分，则民受一分赐矣。投劾何益耶？'”

[124]《宋史·道学》卷四百二十七："熙宁十年，卒，年六十七，赠秘书省著作郎。元祐中赐谥康节。雍高明英迈，迥出千古，而坦夷浑厚，不见圭角，是以清而不激，和而不流，人与交久，益尊信之。河南程颢初侍其父识雍，论议终日，退而叹曰：'尧夫，内圣外王之学也。'雍知虑绝人，遇事能前知。程颐尝曰：'其心虚明，自能知之。'当时学者因雍超诣之识，务高雍所为，至谓雍有玩

世之意；又因雍之前知，谓雍于凡物声气之所感触，辄以其动而推其变焉。于是摭世事之已然者，皆以雍言先之，雍盖未必然也。”

[125]《宋史·道学》卷四百二十七：“雍疾病，司马光、张载、程颢、程颐晨夕候之，将终，共议丧葬事外庭，雍皆能闻众人所言，召子伯温谓曰：‘诸君欲葬我近城地，当从先茔尔。’既葬，颢为铭墓，称雍之道纯一不杂，就其所至，可谓安且成矣。所著书曰《皇极经世》《观物内外篇》《渔樵问对》，诗曰《伊川击壤集》。”

[126]《宋史·道学》卷四百二十七：“雍岁时耕稼，仅给衣食。名其居曰‘安乐窝’，因自号安乐先生。旦则焚香燕坐，晡时酌酒三四瓯，微醺即止，常不及醉也，兴至辄哦诗自咏。春秋时出游城中，风雨常不出，出则乘小车，一人挽之，惟意所适。士大夫家识其车音，争相迎候，童孺厮隶皆欢相谓曰：‘吾家先生至也。’不复称其姓字。或留信宿乃去。好事者别作屋如雍所居，以候其至，名曰‘行窝’。”

[127]《宋史·道学》卷四百二十七：“张载字子厚，长安人。少喜谈兵，至欲结客取洮西之地。年二十一，以书谒范仲淹，一见知其远器，乃警之曰：‘儒者自有名教可乐，何事于兵。’因劝读《中庸》。载读其书，犹以为未足，又访诸释、老，累年究极其说，知无所得，反而求之《六经》。尝坐虎皮讲《易》京师，听从者甚众。一夕，二程至，与论《易》，次日语人曰：‘比见二程，深明易道，吾所弗及，汝辈可师之。’撤坐辍讲。与二程语道学

之要，涣然自信曰：‘吾道自足，何事旁求。’于是尽弃异学，淳如也。”

[128]《宋史·道学》卷四百二十七：“举进士，为祁州司法参军，云岩令。政事以敦本善俗为先，每月吉，具酒食，召乡人高年会县庭，亲为劝酬，使人知养老事长之义，因问民疾苦，及告所以训戒子弟之意。”

[129]《宋史·道学》卷四百二十七：“熙宁初，御史中丞吕公著言其有古学，神宗方一新百度，思得才哲士谋之，召见问治道，对曰：‘为政不法三代者，终苟道也。’帝悦，以为崇文院校书。”

[130]《宋史·道学》卷四百二十七：“他日见王安石，安石问以新政，载曰：‘公与人为善，则人以善归公；如教玉人琢玉，则宜有不受命者矣。’”

[131]《宋史·道学》卷四百二十七：“还朝，即移疾屏居南山下，终日危坐一室，左右简编，俯而读，仰而思，有得则识之，或中夜起坐，取烛以书。其志道精思，未始须臾息，亦未尝须臾忘也。敝衣蔬食，与诸生讲学，每告以知礼成性、变化气质之道，学必如圣人而后已。以为知人而不知天，求为贤人而不求为圣人，此秦、汉以来学者大蔽也。故其学尊礼贵德、乐天安命，以《易》为宗，以《中庸》为体，以孔、孟为法，黜怪妄，辨鬼神。其家昏丧葬祭，率用先王之意，而傅以今礼。又论定井田、宅里、发敛、学校之法，皆欲条理成书，使可举而措诸事业。”

[132]《宋史·道学》卷四百二十七：“载学古力行，为关中士

人宗师，世称为横渠先生。著书号《正蒙》，又作《西铭》曰：乾称父而坤母，予兹藐焉，乃混然中处。故天地之塞吾其体，天地之帅吾其性，民吾同胞，物吾与也。

大君者，吾父母宗子；其大臣，宗子之家相也。尊高年所以长其长，慈孤幼所以幼其幼，圣其合德，贤其秀也。凡天下疲癃残疾、茕独鳏寡，皆吾兄弟之颠连而无告者也。'于时保之'，子之翼也。'乐且不忧'，纯乎孝者也。违曰悖德，害仁曰贼，济恶者不才，其践形惟肖者也。

知化则善述其事，穷神则善继其志，不愧屋漏为无忝，存心养性为匪懈。恶旨酒，崇伯子之顾养；育英材，颖封人之锡类。不弛劳而底豫，舜其功也；无所逃而待烹，申生其恭也。体其受而归全者，参乎；勇于从而顺令者，伯奇也。富贵福泽，将厚吾之生也；贫贱忧戚，庸玉女于成也。存，吾顺事；殁，吾宁也。"

[133]《宋史·道学》卷四百二十七："程颐尝言：'《西铭》明理一而分殊，扩前圣所未发，与孟子性善养气之论同功，自孟子后盖未之见。'学者至今尊其书。"

[134]"元祐七年"。原文作"元通七年"，据《续资治通鉴长编》四百七十五元祐七年己亥条"己亥，以雨，罢集英殿宴。诏以韩愈祠为昌黎伯庙"改。

[135]《宋史·哲宗》卷十七："辛酉，诏颜子、孟子配享孔子庙庭。"

[136]《宋史·司马光传》卷三百三十六："元丰五年，忽得语涩疾，疑且死，豫作遗表置卧内，即有缓急，当以畀所

善者上之。官制行，帝指御史大夫曰：‘非司马光不可。’又将以为东宫师傅。蔡确曰：‘国是方定，愿少迟之。’资治通鉴未就，帝尤重之，以为贤于荀悦汉纪，数促使终篇，赐以颍邸旧书二千四百卷。及书成，加资政殿学士。凡居洛阳十五年，天下以为真宰相，田夫野老皆号为司马相公，妇人孺子亦知其为君实也。”

[137]《宋史·司马光传》卷三百三十六：“帝崩，赴阙临，卫士望见，皆以手加额曰：‘此司马相公也。’所至，民遮道聚观，马至不得行，曰：‘公无归洛，留相天子，活百姓。’”

[138]《宋史·司马光传》卷三百三十六：“哲宗幼冲，太皇太后临政，遣使问所当先，光谓：‘开言路。’诏榜朝堂。而大臣有不悦者，设六语云：‘若阴有所怀；犯非其分；或扇摇机事之重；或迎合已行之令；上以徼幸希进；下以眩惑流俗。若此者，罚无赦。’后复命示光，光曰：‘此非求谏，乃拒谏也。人臣惟不言，言则入六事矣。’乃具论其情，改诏行之，于是上封者以千数。”

[139]“欲稍损其甚者”。原文缺“损”“者”，据《宋九朝编年备要》皇朝编年备要卷第二十二凡三年宋绍定刻本补。

《宋九朝编年备要》：“十五年上即位。太皇太后听政，遂起光而用之。然当是时进说者以为二年无改于父之道，欲稍损其甚者，毛举数事以塞人言。光慨然争之曰：‘先帝之法，其善者虽百世不可变，若安石、惠卿等所建，为天下害，非先帝本意者，改之当如救焚拯溺，犹恐不及，况太皇太后以母改子，非子改父。’众议乃定。”

[140]“改之当如救焚拯溺也”。原文缺“改”，据《大事记讲义》卷十八清文渊阁四库全书本补。

[141]《宋史·司马光传》卷三百三十六：“起光知陈州，过阙，留为门下侍郎。苏轼自登州召还，缘道人相聚号呼曰：‘寄谢司马相公，毋去朝廷，厚自爱以活我。’是时天下之民，引领拭目以观新政，而议者犹谓‘三年无改于父之道’，但毛举细事，稍塞人言。光曰：‘先帝之法，其善者虽百世不可变也。若安石、惠卿所建，为天下害者，改之当如救焚拯溺。况太皇太后以母改子，非子改父。’众议甫定。遂罢保甲团教，不复置保马；废市易法，所储物皆鬻之，不取息，除民所欠钱；京东铁钱及茶盐之法，皆复其旧。或谓光曰：‘熙、丰旧臣，多　巧小人，他日有以父子义间上，则祸作矣。’光正色曰：‘天若祚宗社，必无此事。’于是天下释然，曰：‘此先帝本意也。’”

[142]《宋元学案·安定学案》卷一：“徐积，字仲车，山阳人。三岁而孤，事母至孝。以父名石，终身不用石器。从安定学，恶衣服不耻。应举入都，载母以从。比登第，同年共致百金为寿，却之。神宗朝数召对，以耳疾不能至。元祐年，除扬州司户参军。母殁，庐墓三年，雪夜伏侧，哭不绝声。时甘露降，木成连理。廷臣荐其孝廉，为楚州教授。徽宗初，改宣德郎。卒，年七十六。政和六年，赐谥节孝。有文集三十一卷。”

[143]《宋史·吕公著传》卷三百三十六：“哲宗即位，以侍读

还朝。太皇太后遣使迎，问所欲言，公著曰：‘先帝本意，以宽省民力为先。而建议者以变法侵民为务，与己异者一切斥去，故日久而弊愈深，法行而民愈困。诚得中正之士，讲求天下利病，协力而为之，宜不难矣。’至则上言曰：‘人君初即位，当正始以示天下，修德以安百姓。修德之要，莫先于学。学有缉熙于光明，则日新以底至治者，学之力也。谨昧死陈十事，曰畏天、爱民、修身、讲学、任贤、纳谏、薄敛、省刑、去奢、无逸。’又乞备置谏员，以开言路。拜尚书左丞、门下侍郎。”

[144]《宋史·吕公著传》卷三百三十六：“元祐元年，拜尚书右仆射兼中书侍郎。三省并建，中书独为取旨之地。乃请事于三省者，与执政同进呈，取旨而各行之。又执政官率数日一聚政事堂，事多决于其长，同列莫得预。至是，始命日集，遂为定制。与司马光同心辅政，推本先帝之志，凡欲革而未暇与革而未定者，一一举行之。民欢呼鼓舞，咸以为便。光薨，独当国，除吏皆一时之选。时科举罢词赋，专用王安石经义，且杂以释氏之说。凡士子自一语上，非新义不得用，学者至不诵正经，唯窃安石之书以干进，精熟者转上第，故科举益弊。公著始令禁主司不得出题老、庄书，举子不得以申、韩、佛书为学，经义参用古今诸儒说，毋得专取王氏。复贤良方正科。”

[145]《宋史·道学》卷四百二十七：“颢资性过人，充养有道，和粹之气，盎于面背，门人交友从之数十年，亦未尝见其忿厉之容。遇事优为，虽当仓卒，不动声色。自十五

六时，与弟颐闻汝南周敦颐论学，遂厌科举之习，慨然有求道之志。泛滥于诸家，出入于老、释者几十年，返求诸六经而后得之。秦、汉以来，未有臻斯理者。”

[146]《宋史·道学》卷四百二十七：“教人自致知至于知止，诚意至于平天下，洒扫应对至于穷理尽性，循循有序。病学者厌卑近而骛高远，卒无成焉，故其言曰：‘道之不明，异端害之也。昔之害近而易知，今之害深而难辨。昔之惑人也乘其迷暗，今之惑人也因其高明。自谓之穷神知化，而不足以开物成务，言为无不周遍，实则外于伦理，穷深极微，而不可以入尧、舜之道。天下之学，非浅陋固滞，则必入于此。自道之不明也，邪诞妖妄之说竞起，涂生民之耳目，溺天下于污浊，虽高才明智，胶于见闻，醉生梦死，不自觉也。是皆正路之蓁芜，圣门之蔽塞，辟之而后可以入道。’”

[147]《宋史·道学》卷四百二十七：“颢之死，士大夫识与不识，莫不哀伤焉。文彦博采众论，题其墓曰明道先生。其弟颐序之曰：‘周公没，圣人之道不行；孟轲死，圣人之学不传。道不行，百世无善治；学不传，千载无真儒。无善治，士犹得以明夫善治之道，以淑诸人，以传诸后；无真儒，则贸贸焉莫知所之，人欲肆而天理灭矣。先生生于千四百年之后，得不传之学于遗经，以兴起斯文为己任，辨异端，辟邪说，使圣人之道焕然复明于世，盖自孟子之后，一人而已。然学者于道不知所向，则孰知斯人之为功；不知所至，则孰知斯名之称情也哉。’”

[148]《宋史·哲宗》卷十七：“哲宗宪元继道显德定功钦文睿

武齐圣昭孝皇帝，讳煦，神宗第六子也，母曰钦圣皇后朱氏。熙宁九年十二月七日己丑，生于宫中，赤光照室。初名佣，授检校太尉、天平军节度使，封均国公。元丰五年，迁开府仪同三司、彰武军节度使，进封延安郡王。七年三月，神宗宴群臣于集英殿，王侍立，天表粹温，进止中度，宰相而下再拜贺。八年二月，神宗寝疾，宰相王珪乞早建储，为宗庙社稷计，又奏请皇太后权同听政，神宗首肯。三月甲午朔，皇太后垂帘于福宁殿，谕珪等曰：'皇子性庄重，从学颖悟，自皇帝服药，手写佛书，为帝祈福。'因出以示珪等，所书字极端谨，珪等称贺，遂奉制立为皇太子。初，太子宫中常有赤光，至是光益炽如火。戊戌，神宗崩，太子即皇帝位。"

[149]《宋史·苏轼传》卷三百三十八："初，祖宗时，差役行久生弊，编户充役者不习其役，又虐使之，多致破产，狭乡民至有终岁不得息者。王安石相神宗，改为免役，使户差高下出钱雇役，行法者过取，以为民病。司马光为相，知免役之害，不知其利，欲复差役，差官置局，轼与其选。轼曰：'差役、免役，各有利害。免役之害，掊敛民财，十室九空，敛聚于上而下有钱荒之患。差役之害，民常在官，不得专力于农，而贪吏猾胥得缘为奸。此二害轻重，盖略等矣。'光曰：'于君何如?'轼曰：'法相因则事易成，事有渐则民不惊。三代之法，兵农为一，至秦始分为二，及唐中叶，尽变府兵为长征之卒。自尔以来，民不知兵，兵不知农，农出谷帛以养兵，兵出性命以卫农，天下便之。虽圣人复起，不能易也。今

免役之法，实大类此。公欲骤罢免役而行差役，正如罢长征而复民兵，盖未易也。’光不以为然。轼又陈于政事堂，光忿然。轼曰：‘昔韩魏公刺陕西义勇，公为谏官，争之甚力，韩公不乐，公亦不顾。轼昔闻公道其详，岂今日作相，不许轼尽言耶？’光笑之。寻除翰林学士。”

[150]《宋史·哲宗》卷十七：“（元祐元年三月）以程颐为崇政殿说书。”《王荆公年谱考略》：“三月，置诉理所，许熙宁以来得罪者自言。罢熙河兰会路经制财用司。以程颐为崇政殿说书。四月，王安石薨。”

[151]《宋史纪事本末·洛蜀党议》卷四十五：“哲宗元祐元年三月辛巳，以程颐为崇政殿说书。颐在治平、元丰间，大臣屡荐，皆不起。至是，司马光、吕公著共疏其行义曰：‘伏见河南处士程颐，力学好古，安贫守节，言必忠信，动遵礼度，年逾五十，不求仕进，真儒者之高蹈，圣世之逸民。望擢以不次，使士类有所矜式。’诏以为西京国子监教授。力辞，寻召为秘书省校书郎。及入对，改崇政殿说书。

[152]《宋史纪事本末·洛蜀党议》卷四十五：“颐即上疏言：‘习与智长，化与心成。今夫民善教其子弟者，亦必延名德之士，使与之处，以薰陶成性。况陛下春秋方富，虽睿圣得于天资，而辅养之道不可不至。大率一日之中，接贤士大夫之时多，亲宦官、宫妾之时少，则气质变化，自然而成。愿选名儒入侍劝讲，讲罢，留之分直，以备访问。或有小失，随事献规。岁月积久，必能养成圣德。’颐每进讲，色甚庄，继以讽谏。闻帝在宫中盥而避

蚁，问：‘有是乎?’帝曰：‘然，诚恐伤之耳。’颐曰：‘推此心以及四海，帝王之要道也。’帝尝凭槛偶折柳枝，颐正色曰：‘方春时和，万物发生，不当轻有所折，以伤天地之和。’帝颔之……（元祐二年）八月辛巳，罢崇政殿说书程颐。颐在经筵，多用古礼，苏轼谓其不近人情，深嫉之，每加玩侮。方司马光之卒也，百官方有庆礼，事毕欲往吊，颐不可，曰：‘子于是日哭则不歌。’或曰：‘不言歌则不哭。’轼曰：‘此枉死市叔孙通制此礼也。’二人遂成嫌隙。轼尝发策试馆职，有曰：‘今朝廷欲师仁宗之忠厚，惧百官有司不举其职而或至于偷；欲法神宗之励精，恐监司守令不识其意而流入于刻。’于是颐门人右司谏贾易、左正言朱光庭等劾轼策问谤讪，轼因乞补郡。殿中侍御史吕陶言：‘台谏当徇至公，不可假借事权以报私隙。’右司谏王觌言：‘轼命辞不过失轻重之体，若悉考同异，深究嫌疑，则两歧遂分，党论滋炽。夫学士命词失指，其事尚小，使士大夫有朋党之名，大患也。’太后然之，临朝，宣谕曰：‘详览轼文意，是指今日百官、有司、监司、守令言之，非是讥讽祖宗。’范纯仁亦言轼无罪，遂置不问。会帝患疮疹不出，颐诣宰臣吕公著问：‘上不御殿，知否?’且曰：‘二圣临朝，上不御殿，太后不当独坐。且人主有疾而大臣不知，可乎?’明日，宰臣以颐言问疾，由是大臣亦多不悦。于是御史中丞胡宗愈、给事中顾临连章力诋颐不宜在经筵。谏议大夫孔文仲因奏：‘颐污下　巧，素无乡行，经筵陈说，僭横忘分，遍谒贵臣，历造台谏，腾口间乱，以偿恩仇，致市井目为“五鬼”之魁。请放还田里，以示典刑。’乃罢颐出管勾西京国子监。”

[153]《续资治通鉴长编》卷三百七十四，元祐元年四月癸巳条：“癸巳，观文殿大学士、守司空、集禧观使、荆国公王安石卒。司马光手书与吕公著曰：‘介甫文章节义过人处甚多，但性不晓事而喜遂非，致忠直疏远，谗佞辐辏，败坏百度，以至于此。今方矫其失，革其弊，不幸介甫谢世，反覆之徒必诋毁百端。光意以谓朝廷特宜优加厚礼，以振起浮薄之风，苟有所得，转以上闻，不识晦叔以为如何？更不烦答以笔札，扆前力主张，则全仗晦叔也。’诏再辍视朝，赠太傅，推遗表恩七人，命所在应副葬事。”

[154]《宋史·王安石传》三百二十七：“论曰：朱熹尝论安石‘文章节行高一世，而尤以道德经济为己任。被遇神宗，致位宰相，世方仰其有为，庶几复见二帝三王之盛。而安石乃汲汲以财利兵革为先务，引用凶邪，排摈忠直，躁迫强戾，使天下之人，嚣然丧其乐生之心。卒之群奸嗣虐，流毒四海，至于崇宁、宣和之际，而祸乱极矣’。此天下之公言也。”

[155]《宋史·韩维传》卷三百一十五：“王安石罢，会绛入相，加端明殿学士、知河阳，复知许州。帝幸旧邸，进资政殿学士。曾巩当制，称其纯明亮直，帝令改命词。维知帝意，请提举嵩山崇福宫。”

[156]《续资治通鉴长编》卷三百五十七，元丰八年丙子条：“丙子，资政殿学士、提举崇福宫韩维知陈州。维初赴临

阙庭，太皇太后遣中使降手诏劳问。维奏：

治天下之道，不必过求高远，止在审人情而已。识人情不难，以己之心，推人之情，可见矣。大凡人情贫则思富，苦则思乐，劳困则思息，郁塞则思通。陛下诚能常以利民为本，则人富矣。常以爱人为心，则人乐矣。役事之有妨农务者去之，则劳困息矣。法禁之无益治道者蠲之，则郁塞通矣。推此而广之，尽诚心而行之，则神孙观陛下之法，不待教而自成；圣德贤士，闻陛下之风，不烦谕而争宣忠力矣。何忧军民不欣戴，社稷不安固乎？臣世受国恩，兄弟并列显近，陛下虽不宣谕，犹思裨补，况亲奉圣训哉！

又奏：

臣窃闻陛下濬发德音，斥宋用臣等出就外省，罢其所领职事；黜吴居厚使离本道，责以掊克扰民。中外喧传，晓然知陛下忧国爱民之深意，莫不欣悦相贺。臣虽在哀戚之中，不觉失声欢呼。然臣尚有愚悬，不敢不尽以上闻。臣窃恐议者以嗣君新即位，且当循守父道，三年无改，此大不然。伏惟太皇太后，于大行皇帝为母仪，于今上皇帝有祖母之尊，此时称制临政，盖为社稷大计，事有不便，弛以利民，考古相时，理无不可。臣以为万一有敢为此论上惑天听者，若非奸人沮害圣政，即是俗儒不识时变，愿陛下切勿听之。臣近去都下日，尝具奏陈陛下，探盗贼所起之原，罢非业之令，宽训练之程，盖为保甲、保马发也。何则？农民以稼穑为生，使之出钱市马，已非其愿，又守护灌饲，素昧其方，万一死损，复更偿买，昔时一马直钱三二十千者，今贵至百千矣，农民如此，未有已时，愁叹之声，闻于道路。近岁保甲以筑垣为场，号为团教，一丁在官训练，更须一丁供馈饮食，家阙耕作，身受劳苦，不无怨怼。夫使失业怨怼之人，操兵器习为击刺之事，岂非可虑？近者又闻京西保马，颇为群盗掠取，换易乘骑，如其外厩。河北保甲，渐亦作过，凌暴良民，州县几不能禁。此患在耳目之前，臣恐更易措置，不可缓也。且臣非谓国马遂不可养，但官置监牧可矣；非谓民兵遂可不教，但于农隙一时训练可矣。孟子曰：‘天时不如地利，地利不如人和。’人和可胜天时，可不务乎？臣伏望太皇太后陛下，更留圣虑，详酌施行。

又言：先帝为此，盖是忧边预虑，原非好事，然至今日，方见此数弊。老臣之愚，不识忌讳，切于爱君忧国，遂至喋喋，惟圣慈少宽而深亮其诚。

又奏：

臣近者伏睹传录到朝堂所出榜文，开示大信，招来群言，皆前代帝王之高致而方今朝廷之急务，天下幸甚！

然臣尚有疑者，‘若乃阴有所怀’至‘不得已也’七十五字，恐非元谕圣旨之本意，似增饰而为之者。何则？前云‘至于拂心逆耳，犹将欣然容而不拒’，又以爵赏劝之。后所云则异于此矣，又以黜罚惧之。且机事之重，何害密言？已行之令，容有未知。朝廷之意苟善，何恶其观望？流俗之言必浅，自可以勿听。借使有犯此四禁者，亦未至拂心逆耳，犹在欣然容之之列，岂可便行黜罚？若此言出于陛下，则是诏文前后自相违戾，疑误观者。若出于臣下议论，则是违异圣意，巧为辞说，以惧来者，阴成其邪志也。

古之求言者，必曰'毋有所讳'，又曰'毋悼后患'，今则多设防禁，又以黜罚惧之，是使人有所讳而悼后患也。古之为民者，宣之使言，下至道路刍荛，亦见收采。今则出榜止于朝堂，降诏不及诸道，既乖古义，亦非旧体。恐非所以推广圣德，普及于遐远，开辟言路，不间于幽侧也。此事若不改正，臣深恐自今圣聪渐成壅蔽！

臣在先帝朝，尝奉圣旨，以旱灾撰诏，省躬求直言。诏下之日，都人欢悦，甘雨亦降。不数日，奸人希宰相意，上惑圣聪，别作一诏，盖掩前诏之美，庇护新法之失。人情疑惧，遂不敢言，前诏但成虚文而已。今榜后之意，颇亦类之。此事于国体不小，伏望陛下深察此弊而痛绝其端，特作圣意批降指挥，令刊去此七十五字，只以榜前所云，别撰诏文，遍颁天下。使万方之人豁然知圣人乐善好谏之心，披云雾而睹青天白日，岂不快哉！岂不大哉！

于是起知陈州，未行，召赴阙，遂留经筵兼侍读。"

《宋史·韩维传》卷三百一十五："帝崩，赴临阙庭。宣仁后手诏劳问，维对曰：'人情贫则思富，苦则思乐，困则思息，郁则思通。诚能常以利民为本，则民富；常以忧民为心，则民乐；赋役非人力所堪者去之，则劳困息；法禁非人情所便者蠲之，则郁塞通。推此而广之，尽诚而行之，则子孙观陛下之德，不待教而成矣。'"

[157]《续资治通鉴长编》卷三百八十，元祐元年六月辛亥条："辛亥，吕惠卿责授建宁军节度副使，本州安置，不得签书公事。从谏官王岩叟等四人所奏也。内批付三省云：'惠卿罪恶贯盈，虽已施行，而台谏弹纠不已，难居善地。可窜逐一远小处，以允公议。'始，惠卿责授光禄卿，分司南京，苏州居住。中书舍人范百禄草制，有云：'朕承先帝大烈，惧弗克胜，而法弊不可以不更张，民劳不可以不振德，稽其所自，汝为厉阶。'右仆射吕公著以手简谕百禄云：'恐彰先帝之失，宜删去之。'百禄如公著所谕，但以人言孔多为说。及是，中书舍人苏轼草制曰：凶人在位，民不奠居，司寇失刑，士有异论。稍正滔天之罪，永为垂世之规。吕惠卿以斗筲之才，挟穿窬之知，谄事宰辅，同升庙堂，乐祸而贪功，好兵而喜杀，以聚敛为仁义，以法律为诗书，首建青苗，次行助役，均输之政，自同商贾，手实之祸，下及雞豚。苟可蠹国以害民，率皆攘臂而称首。先皇帝求贤如不及，从善如转圜，始以帝尧之心，姑试伯鲧；终焉孔子之圣，不信宰予。发其宿奸，谪之辅郡，尚宜改过，稍畀重权，复陈罔上之言，继有砀山之贬。反覆教戒，恶心不悛，躁轻矫诬，德音犹在。始与知己共其欺君，喜则摩足以相欢，怒则反目以相噬，连起大狱，发其私书，党与交攻，几半天下，奸赃狼藉，纵横江东。至其复用之年，始倡西戎之隙，妄出新意，变乱旧章，力引狂生之谋，驯致永乐之祸。兴言及此，流涕何追！迨予践祚之初，首发安边之诏，假我号令，成汝诈谋，不图涣汗之文，止为

款贼之具，迷国不道，从古罕闻，尚宽两观之诛，薄示三危之窜，国有常典，朕不敢私。”

[158]《宋史全文》卷十三上：“九月丙辰朔，守尚书左仆射兼门下侍郎司马光卒。光为政逾年而病居其半，每欲以身徇下，躬亲庶务，不舍昼夜。宾客见其体羸，曰：‘诸葛孔明二十罚以上皆亲之，以此致疾。公不可以不戒。’光曰：‘死生，命也。’为之益力。太皇太后闻其丧，哭之恸，上亦感涕不已。明堂体毕，皆临奠。赠太师、温国公，谥曰文正。御篆表其墓道曰‘忠清粹德之碑’。光在相位，辽人、夏人遣使入朝与吾使至辽中者，辽必问光起居，而辽人敕其边吏曰：‘中国相司马矣，切毋生事开边隙。’及卒，京师之民皆罢市往吊，画其像刻印鬻之，时画工有致富者。及葬，四方来会者盖数万人，哭之如哭其私亲。”

[159]《宋史·司马光传》卷三百三十六：“论曰：熙宁新法病民，海内骚动，忠言谠论，沮抑不行；正人端士，摈弃不用。聚敛之臣日进，民被其虐者将二十年。方是时，光退居于洛，若将终身焉。而世之贤人君子，以及庸夫愚妇，日夕引领望其为相，至或号呼道路，愿其毋去朝廷，是岂以区区材智所能得此于人人哉？德之盛而诚之著也。

一旦起而为政，毅然以天下自任，开言路，进贤才。凡新法之为民害者，次第取而更张之，不数月之间，铲革略尽。海内之民，如寒极而春，旱极而雨，如解倒悬，如脱桎梏，如出之水火之中也。相与咨嗟叹息，欢欣鼓舞，甚若更生，一变而为嘉祐、治平之治。君子称其有旋乾转坤之功，而光于是亦老且病矣。天若祚宋，慭遗一老，则奸邪之势未遽张，绍述之说未遽行，元祐之臣固无恙也。人众能胜天，靖康之变，或者其可少缓乎？借曰有之，当不至如是其酷也。诗曰：'哲人云亡，邦国殄瘁。'呜呼悲夫！"

[160]《宋史·范镇传》卷三百三十七："镇清白坦夷，遇人必以诚，恭俭慎默，口不言人过。临大节，决大议，色和而语壮，常欲继之以死，虽在万乘前，无所屈。"

[161]《宋史·常安民传》卷三百四十六："是时，元丰用事之臣，虽去朝廷，然其党分布中外，起私说以摇时政。安民窃忧之，贻书吕公著曰：'善观天下之势，犹良医之视疾，方安宁无事之时，语人曰："其后必将有大忧"，则众必骇笑。惟识微见几之士，然后能逆知其渐。故不忧于可忧，而忧之于无足忧者，至忧也。今日天下之势，可为大忧。虽登进忠良，而不能搜致海内之英才，使皆萃于朝，以胜小人，恐端人正士，未得安枕而卧也。故去小人不为难，而胜小人为难。陈蕃、窦武协心同力，选用名贤，天下想望太平，然卒死曹节之手，遂成党锢之祸。张柬之五王中兴唐室，以谓庆流万世，及武三思一得志，至于窜移沦没。凡此者皆前世已然之祸也。今用贤如倚孤栋，拔士如转巨石，虽有奇特瑰卓之才，不得一行其志，甚可叹也。猛虎负嵎，莫之敢撄，而卒为人所胜者，人众而虎寡也。故以十人而制一虎则人胜，以一人而制十虎则虎胜，奈何以数十人而制千虎乎？今

怨忿已积，一发其害必大，可不谓大忧乎。’及章惇作相，其言遂验。”

[162]《宋史·范镇传》卷三百三十七：“宣仁太后崩，中外议论汹汹，人怀顾望，在位者畏惧，莫敢发言。祖禹虑小人乘间害政，乃奏曰：‘陛下方揽庶政，延见群臣，此国家隆替之本，社稷安危之机，生民休戚之端，君子小人进退消长之际，天命人心去就离合之时也，可不畏哉？先后有大功于宗社，有大德于生灵，九年之间，始终如一。然群小怨恨，亦为不少，必将以改先帝之政、逐先帝之臣为言，以事离间，不可不察也。先后因天下人心，变而更化。既改其法，则作法之人有罪当退，亦顺众言而逐之。是皆上负先帝，下负万民，天下之所仇疾而欲去之者也，岂有憎恶于其间哉？惟辨析是非，深拒邪说，有以奸言惑听者，付之典刑，痛惩一人，以警群慝，则帖然无事矣。此等既误先帝，又欲误陛下，天下之事，岂堪小人再破坏邪？’初，苏轼约俱上章论列，谏草已具，见祖禹疏，遂附名同奏，曰：‘公之文，经世之文也。’竟不复出其稿。

祖禹又言：‘陛下承六世之遗烈，当思天下者祖宗之天下，人民者祖宗之人民，百官者祖宗之百官，府库者祖宗之府库。一言一动，如临之在上，质之在傍，则可以长享天下之奉。先后以大公至正为心，罢安石、惠卿所造新法，而行祖宗旧政。故社稷危而复安，人心离而复合，乃至辽主亦戒其臣勿生事曰：“南朝专行仁宗之政矣。”外夷之情如此，中国之人心可知。先后日夜苦心劳力，为陛下立太平之基。愿守之以静，恭己以临之，虚心以处之，则群臣邪正，万事是非，皆了然于圣心矣。小人之情专为私，故不便于公；专为邪，故不便于正；专好动，故不便于静。惟陛下痛心疾首，以为刻骨之戒。’章累上，不报。

忽有旨召内臣十余人，祖禹言：‘陛下亲政以来，四海倾耳，未闻访一贤臣，而所召者乃先内侍，必谓陛下私于近习，望即赐追改。’因请对，曰：‘熙宁之初，王安石、吕惠卿造立新法，悉变祖宗之政，多引小人以误国，勋旧之臣屏弃不用，忠正之士相继远引。又用兵开边，结怨外夷，天下愁苦，百姓流徙。赖先帝觉悟，罢逐两人，而所引群小，已布满中外，不可复去。蔡确连起大狱，王韶创取熙河，章惇开五溪，沈起扰交管，沈括、徐禧、俞充、种谔兴造西事，兵民死伤皆不下二十万。先帝临朝悼悔，以谓朝廷不得不任其咎。以至吴居厚行铁冶之法于京东，王子京行茶法于福建，蹇周辅行盐法于江西，李稷、陆师闵行茶法、市易于西川，刘定教保甲于河北，民皆愁痛嗟怨，比屋思乱。赖陛下与先后起而救之，天下之民，如解倒县。惟是向来所斥逐之人，窥伺事变，妄意陛下不以修改法度为是，如得至左右，必进奸言。万一过听而复用之，臣恐国家自此陵迟，不复振矣。’又论：‘汉、唐之亡，皆由宦官。自熙宁、元丰间，李宪、王中正、宋用臣辈用事总兵，权势震灼。中正兼干四路，口敕募兵，州郡不敢违，师徒冻馁，死亡最多；宪陈再举之策，致永乐摧陷；用臣兴土木之工，无时休息，罔市井之微利，为国敛怨。此三人者，虽加诛戮，未足以谢百姓。宪虽已亡，而中正、用臣尚在，今召内臣十人，而宪、中正之子皆在其中。二人既入，则中正、用臣必将复用，愿陛下念之。’”

[163]《宋史·徽宗本纪》卷十九：“徽宗体神合道骏烈逊功圣文仁德宪慈显孝皇帝，讳佶，神宗第十一子也，母曰钦慈皇后陈氏。元丰五年十月丁巳，生于宫中。明年正月赐名，十月授镇宁军节度使，封宁国公。哲宗即位，封遂宁郡王。绍圣三年，以平江、镇江军节度使封端王，出就傅。五年，加司空，改昭德、彰信军节度。元符三年正月己卯，哲宗崩，皇太后垂帘，哭谓宰臣曰：‘家国不幸，大行皇帝无子，天下事须早定。’章惇厉声对曰：‘在礼律当立母弟简王。’皇太后曰：‘神宗诸子，申王长而有目疾，次则端王当立。’惇又曰：‘以年则申王长，以礼律则同母之弟简王当立。’皇太后曰：‘皆神宗子，莫难如此分别，于次端王当立。’知枢密院曾布曰：‘章惇未尝与臣等商议，如皇太后圣谕极当。’尚书左丞蔡卞、中书门下侍郎许将相继曰：‘合依圣旨。’皇太后又曰：‘先帝尝言，端王有福寿，且仁孝，不同诸王。’于是惇为之默然。乃召端王入，即皇帝位，皇太后权同处分军国事。庚辰，赦天下常赦所不原者，百官进秩一等，赏诸军。遣宋渊告哀于辽。辛巳，尊先帝后为元符皇后。癸未，追尊母贵仪陈氏为皇太妃。甲申，命章惇为山陵使。乙酉，出先帝遗留物赐近臣。丙戌，以申王佖为太傅，进封陈王，赐赞拜不名。丁亥，进仁宗淑妃周氏、

神宗淑妃邢氏并为贵妃，贤妃宋氏为德妃。戊子，以章惇为特进，封申国公。己丑，进封莘王俣为卫王，守太保；简王似为蔡王，睦王偲为定王，并守司徒。罢增八厢逻卒。”

[164]“其星烛地”。《宋史全文》卷十四作：“其光烛地。”

[165]《宋史·徽宗本纪》卷十九：“建中靖国元年春正月壬戌朔，有赤气起东北，亘西南，中函白气；将散，复有黑祲在旁。癸亥，有星自西南入尾，其光烛地。”

[166]《宋史·徽宗本纪》卷十九：“（崇宁三年）六月壬寅朔，图熙宁、元丰功臣于显谟阁。”

[167]《宋史·徽宗本纪》卷二十：“五年春正月戊戌，彗出西方，其长竟天。庚子，复置江、湖、淮、浙常平都仓。甲辰，以吴居厚为门下侍郎，刘逵为中书侍郎。乙巳，以星变避殿损膳，诏求直言阙政。毁元祐党人碑。复谪者仕籍，自今言者勿复弹纠。丁未，太白昼见，赦天下，除党人一切之禁。权罢方田。戊申，诏侍从官奏封事。”

[168]《清儒学案·鉴塘学案》卷一百三十四：“程伊川先生曰：‘今农夫祈寒暑雨，深耕易耨，播种五谷，吾得而食之；百工技艺，作为器物，吾得而用之；介胄之士，披坚执锐，以守土宇，吾得而安之。无功德及人，而浪度岁月，晏然为天地间一蠹。惟缀缉圣人遗书为有补耳。’”

[169]《宋史·道学》卷四百二十七：“颐于书无所不读，其学本于诚，以《大学》《语》《孟》《中庸》为标指，而达于六经。动止语默，一以圣人为师，其不至乎圣人不止也。张载称其兄弟从十四五时，便脱然欲学圣人，故卒得孔、

孟不传之学，以为诸儒倡。其言之旨，若布帛菽粟然，知德者尤尊崇之。尝言：‘今农夫祁寒暑雨，深耕易耨，播种五谷，吾得而食之；百工技艺，作为器物，吾得而用之；介胄之士，被坚执锐，以守土宇，吾得而安之。无功泽及人，而浪度岁月，晏然为天地间一蠹，唯缀缉圣人遗书，庶几有补尔。’于是著《易》《春秋传》以传于世。”

[170]《宋史·道学》卷四百二十七：“平生诲人不倦，故学者出其门最多，渊源所渐，皆为名士。涪人祠颐于北岩，世称为伊川先生。嘉定十三年，赐谥曰正公。淳祐元年，封伊阳伯，从祀孔子庙庭。”

[171]《宋史·陈禾传》卷三百六十三：“时童贯权益张，与黄经臣胥用事，御史中丞卢航表里为奸，搢绅侧目。禾曰：‘此国家安危之本也。吾位言责，此而不言，一迁给舍，则非其职矣。’未拜命，首抗疏劾贯。复劾经臣：‘怙宠弄权，夸炫朝列。每云诏令皆出其手，言上将用某人，举某事，已而诏下，悉如其言。夫发号施令，国之重事，黜幽陟明，天子大权，奈何使宦寺得与？臣之所忧，不独经臣，此涂一开，类进者众，国家之祸，有不可遏，愿亟窜之远方。’

论奏未终，上拂衣起。禾引上衣，请毕其说。衣裾落，上曰：‘正言碎朕衣矣。’禾言：‘陛下不惜碎衣，臣岂惜碎首以报陛下？此曹今日受富贵之利，陛下他日受危亡之祸。’言愈切，上变色曰：‘卿能如此，朕复何忧？’内侍请上易衣，上却之曰：‘留以旌直臣。’翌日，贯等相率前诉，谓国家极治，安得此不祥语。卢航奏禾狂妄，谪监信州酒。遇赦，得自便还里。”

[172]《宋史·曹辅传》卷三百五十二：“自政和后，帝多微行，乘小轿子，数内臣导从。置行幸局，局中以帝出日谓之有排当，次日未还，则传旨称疮痍，不坐朝。始，民间犹未知。及蔡京谢表有‘轻车小辇，七赐临幸’，自是邸报闻四方，而臣僚阿顺，莫敢言。辅上疏略曰：

陛下厌居法宫，时乘小舆，出入廛陌之中、郊坰之外，极游乐而后反。道涂之言始犹有忌，今乃谈以为帝某日由某路适某所，某时而归；又云舆饰可辨而辟。臣不意陛下当宗庙社稷付托之重，玩安忽危，一至于此。夫君之与民，本以人合，合则为腹心，离则为楚、越，畔服之际在于斯须，甚可畏也。昔者仁祖视民如子。悯然惟恐其或伤。一旦宫闱不禁，卫士辄逾禁城，几触宝瑟。荷天之休，帝躬保祐。俚语有之，‘盗憎主人’，主人何负于盗哉？况今革冗员，斥滥奉，去浮屠，诛胥吏，蚩愚之民，岂能一一引咎安分？万一当乘舆不戒之初，一夫不逞，包藏祸心，发蜂虿之毒，奋兽穷之计，虽神灵垂护，然亦损威伤重矣。又况有臣子不忍言者，可不戒哉！

臣愿陛下深居高拱，渊默雷声，临之以穹昊至高之势，行之以日月有常之度。及其出也，太史择日，有司除道，三卫百官，以前以后。若曰省烦约费，以便公私，则临时降旨，存所不可阙，损所未尝用。虽非祖宗奋制，比诸微服晦迹，下同臣庶，堂陛陵夷，民生奸望，不犹愈乎？

上得疏，出示宰臣，令赴都堂审问。太宰余深曰：'辅小官，何敢论大事？'辅对曰：'大官不言，故小官言之。官有大小，爱君之心，则一也。'"

[173]《宋史·钦宗本纪》卷二十三："钦宗恭文顺德仁孝皇帝，讳桓，徽宗皇帝长子，母曰恭显皇后王氏。元符三年四月己酉，生于坤宁殿。初名亶，封韩国公，明年六月进封京兆郡王。崇宁元年二月甲午，更名烜，十一月丁亥，又改今名。大观二年正月，进封定王。政和元年三月，讲学于资善堂。三年正月，加太保。四年二月癸酉，冠于文德殿。

五年二月乙巳，立为皇太子，大赦天下。丁巳，谒太庙。诏乘金辂，设卤簿，如至道、天禧故事，及宫僚参谒并称臣，皆辞之。六年六月癸未，纳妃朱氏。

宣和七年十二月戊午，除开封牧。庚申，徽宗诏皇太子嗣位，自称曰道君皇帝，趣太子入禁中，被以御服。泣涕固辞，因得疾。又固辞，不许。辛酉，即皇帝位，御垂拱殿见群臣。"

[174]《宋史·崔　》卷三百五十六："宣和六年，起通判宁化军，召为殿中侍御史。既至而钦宗即位，授右正言。上疏曰：

六月一日诏书，诏谏臣直论得失，以求实是，有以见陛下求治之切也。数十年来，王公卿相，皆自蔡京出。要使一门生死，则一门生用；一故吏逐，则一故吏来。更持政柄，无一人立异，无一人害己者，此京之本谋也。

安得实是之言，闻于陛下哉?”

[175]“屡擒剧贼”。原文缺“剧”，据《通鉴续编》卷十三清文渊阁四库全书本补。

[176]《通鉴续编》卷十三清文渊阁四库全书本：“初相州汤阴人岳飞少负气节，家贫力学，尤好《左氏春秋》、孙吴兵法，有神力，能挽弓三百斤，弩八石。刘　宣抚真定，募敢战士，飞与焉，屡擒剧贼，至是因刘浩以见，王以为承信郎。”

[177]《宋史·李若水传》卷四百四十六：“二年，金人再邀帝出郊，帝殊有难色，若水以为无他虑，扈从以行。金人计中变，逼帝易服，若水抱持而哭，诋金人为狗辈。金人曳出，击之败面，气结仆地，众皆散，留铁骑数十守视。粘罕令曰：‘必使李侍郎无恙。’若水绝不食，或勉之曰：‘事无可为者，公昨虽言，国相无怒心，今日顺从，明日富贵矣。’若水叹曰：‘天无二日，若水宁有二主哉!’其仆亦来慰解曰：‘公父母春秋高，若少屈，冀得一归觐。’若水叱之曰：‘吾不复顾家矣！忠臣事君，有死无二。然吾亲老，汝归勿遽言，令兄弟徐言之可也。’

后旬日，粘罕召计事，且问不肯立异姓状。若水曰：‘上皇为生灵计，罪己内禅，主上仁孝慈俭，未有过行，岂宜轻议废立?’粘罕指宋朝失信，若水曰：‘若以失信为过，公其尤也。’历数其五事曰：‘汝为封豕长蛇，真一剧贼，灭亡无日矣。’粘罕令拥之去，反顾骂益甚。至郊坛下，谓其仆谢宁曰：‘我为国死，职耳，奈并累若属何！’又骂不绝口，监军者挝破其唇，噀血骂愈切，至以刃裂颈断舌而死，年三十五。”

《建炎以来系年要录》卷二建炎元年二月丙子条：“初，李若水既为金所囚，萧庆谓若水曰：‘事已尔，无可奈何，徒死无益。前日公虽詈国相，国相初无过公意。若今日顺从，即明日得美官。’若水叹曰：‘天无二日，若水宁有二主哉！’其从隶谢宁亦勉之曰：‘侍郎父母春秋高，兄弟众，仰侍郎以生。若少屈，万一得复归。’若水叱曰：‘忠臣事君，有死无二，吾今不复顾家矣。虽然，吾亲老，汝若归，勿遽言，恐重伤吾亲意，令兄弟辈徐言吾死国也。’是日左副元帅宗维引若水谕意，若水不听，复囚之。”

[178]《宋史·刘　传》卷四百四十六：“京城不守，始遣使金营，金人命仆射韩正馆之僧舍。正曰：‘国相知君，今用君矣。’　曰：‘偷生以事二姓，有死，不为也。’正曰：‘军中议立异姓，欲以君为正代，得以家属行，与其徒死，不若北去取富贵。’　仰天大呼曰：‘有是乎！’归书片纸曰：‘金人不以予为有罪，而以予为可用。夫贞女不事二夫，忠臣不事两君；况主忧臣辱，主辱臣死，以顺为正者，妾妇之道，此予所以必死也。’使亲信持归报诸子。即沐浴更衣，酌卮酒而缢。燕人叹其忠，瘗之寺西冈上，遍题窗壁，识其处。凡八十日乃就殓，颜色如生。建炎元年，赠资政殿大学士，后谥曰忠显。”

[179]《宋史·高宗本纪》卷二十四：“高宗受命中兴全功至德圣神武文昭仁宪孝皇帝，讳构，字德基，徽宗第九子，

母曰显仁皇后韦氏。大观元年五月乙巳，生东京之大内，赤光照室。八月丁丑，赐名，授定武军节度使、检校太尉，封蜀国公。二年正月庚申，封广平郡王。宣和三年十二月壬子，进封康王。资性朗悟，博学强记，读书日诵千余言，挽弓至一石五斗。宣和四年，始冠，出就外第……（建炎元年）五月庚寅朔，帝登坛受命，礼毕恸哭，遥谢二帝，即位于府治。改元建炎。”

[180]《宋史纪事本末·李纲辅政》卷六十："以张所为河北招抚使。初，靖康中，所以蜡书冒围，募河北兵士。民得书，喜曰：'朝廷弃我，犹有一张察院能拔而用之。'应募者十七万人，由是所声振河北。帝即位，遣所按视陵寝。所还，上言曰：'河东、河北，天下之根本，昨者误用奸臣之谋，始割三镇，继割两河，其民怨入骨髓，至今无不扼腕。若因而用之，则可借以守，否则两河兵民无所系望，陛下之事去矣！'且请帝亟还京师，因言其有五利：'奉宗庙，保陵寝，一也；慰安人心，二也；系四海之望，三也；释河北割地之疑，四也；早有定处而一意于边防，五也。夫国之安危，在乎兵之强弱与将相之贤不肖，而不在乎都之迁与不迁也。诚使兵弱而将士不肖，虽渡江而南，安能自保！'又言黄潜善奸邪，恐害新政。帝方信任潜善，贬所江州。至是，以李纲荐，用为河北招抚使，赐内府钱百万缗，给空名告身千余道，以京西卒三千自卫，将佐官属，许自辟置，一切以便宜从事。所入对，条上利害，且乞置司北京，俟措置有绪，乃渡河。"

[181]《宋史·李纲传》卷三百五十八："一曰议国是。谓中国之御四裔，能守而后可战，能战而后可和，而靖康之末皆失之。今欲战则不足，欲和则不可，莫若先自治，专以守为策，俟吾政事修，士气振，然后可议大举。

二曰议巡幸。谓车驾不可不一到京师，见宗庙，以慰都人之心，度未可居，则为巡幸之计。以天下形势而观，长安为上，襄阳次之，建康又次之，皆当诏有司预为之备。

三曰议赦令。谓祖宗登极赦令，皆有常式。前日赦书，乃以张邦昌伪赦为法，如赦恶逆及罪废官尽复官职，皆泛滥不可行，宜悉改正以法祖宗。

四曰议僭逆。谓张邦昌为国大臣，不能临难死节，而挟金人之势易姓改号，宜正典刑，垂戒万世。

五曰议伪命。谓国家更大变，鲜仗节死义之士，而受伪官以屈膝于其庭者，不可胜数。昔肃宗平贼，污伪命者以六等定罪，宜仿之以励士风。

六曰议战。谓军政久废，士气怯惰，宜一新纪律，信赏必罚，以作其气。

七曰议守。谓敌情狡狯，势必复来，宜于沿河、江、淮措置控御，以扼其冲。

八曰议本政。谓政出多门，纪纲紊乱，宜一归之于中书，则朝廷尊。

九曰议久任。谓靖康间进退大臣太速，功效蔑著，宜慎择而久任之，以责成功。

十曰议修德。谓上始膺天命，宜益修孝悌恭俭，以副四海之望，而致中兴。”此李纲所言十事。

[182]《宋史·李纲传上》卷三百五十八：“时执政中有论不同者，上乃召黄潜善等语之。潜善主邦昌甚力，上顾吕好问曰：‘卿昨在围城中知其故，以为何如?’好问附潜善，持两端，曰：‘邦昌僭窃位号，人所共知，既已自归，惟陛下裁处。’纲言：‘邦昌僭逆，岂可使之在朝廷，使道路指目曰“此亦一天子”哉!’因泣拜曰：‘臣不可与邦昌同列，当以笏击之。陛下必欲用邦昌，第罢臣。’上颇感动。伯彦乃曰：‘李纲气直，臣等所不及。’乃诏邦昌谪潭州，吴幵、莫俦而下皆迁谪有差。纲又言：‘近世士大夫寡廉鲜耻，不知君臣之义。靖康之祸，能仗节死义者，在内惟李若水，在外惟霍安国，愿加赠恤。’上从其请，仍诏有死节者，诸路询访以闻。上谓纲曰：‘卿昨争张邦昌事，内侍辈皆泣涕，卿今可以受命矣。’纲拜谢。有旨兼充御营使。入对，奏曰：

今国势不逮靖康间远甚，然而可为者，陛下英断于上，群臣辑睦于下，庶几靖康之弊革，而中兴可图。然非有规模而知先后缓急之序，则不能以成功。

夫外御强敌，内销盗贼，修军政，变士风，裕邦财，宽民力，改弊法，省冗官，诚号令以感人心，信赏罚以作士气，择帅臣以任方面，选监司、郡守以奉行新政，俟吾所以自治者政事已修，然后可以问罪金人，迎还二圣，此所谓规模也。至于所当急而先者，则在于料理河北、河东。盖河北、河东者，国之屏蔽也。料理稍就，然后中原可保，而东南可安。今河东所失者忻、代、太原、泽、潞、汾、晋，余郡犹存也。河北所失者，不过真定、怀、卫、濬四州而已，其余二十余郡，皆为朝廷守。两路士民兵将，所以戴宋者，其心甚坚，皆推豪杰以为首领，多者数万，少者亦不下万人。朝廷不因此时置司、遣使以大慰抚之，分兵以援其危急，臣恐粮尽力疲，坐受金人之困。虽怀忠义之心，援兵不至，危迫无告，必且愤怨朝廷，金人因得抚而用之，皆精兵也。

莫若于河北置招抚司，河东置经制司，择有材略者为之使，宣谕天子恩德，所以不忍弃两河于敌国之意。有能全一州、复一郡者，以为节度、防御、团练使，如唐方镇之制，使自为守。非惟绝其从敌之心，又可资其御敌之力，使朝廷永无北顾之忧，最今日之先务也。”

[183]《宋史·李纲传上》卷三百五十八：“时朝廷议遣使于金，纲奏曰：‘尧、舜之道，孝悌而已，孝悌之至，可以通神明。陛下以二圣远狩沙漠，食不甘味，寝不安席，思迎还两宫，致天下养，此孝悌之至，而尧、舜之用心也。今日之事，正当枕戈尝胆，内修外攘，使刑政修而中国强，则二帝不俟迎请而自归。不然，虽冠盖相望，卑辞厚礼，恐亦无益。今所遣使，但当奉表通问两宫，致思慕之意可也。’上乃命纲草表，以周望、傅雱为二圣通问使，奉表以往。且乞降哀痛之诏，以感动天下，使同心协力，相与扶持，以致中兴。又乞省冗员，节浮费。上皆从其言。是时，四方溃兵为盗者十余万人，攻劫山东、淮南、襄汉之间，纲命将悉讨平之。”

[184]《宋史·宗泽传》卷三百六十：“时金人有割地之议，泽

上疏曰：‘天下者，太祖、太宗之天下，陛下当兢兢业业，思传之万世，奈何遽议割河之东、西，又议割陕之蒲、解乎。自金人再至，朝廷未尝命一将、出一师，但闻奸邪之臣，朝进一言以告和，暮入一说以乞盟，终致二圣北迁，宗社蒙耻。臣意陛下赫然震怒，大明黜陟，以再造王室。今即位四十日矣，未闻有大号令，但见刑部指挥云“不得誊播赦文于河之东、西，陕之蒲、解”者，是褫天下忠义之气，而自绝其民也。臣虽驽怯，当躬冒矢石为诸将先，得捐躯报国恩足矣。’上览其言壮之。改知青州，时年六十九矣。”

[185]《宋史·李纲传上》卷三百五十八：“有旨令留守宗泽节制傅亮，即日渡河。亮言：‘措置未就而渡河，恐误国事。’纲言：‘招抚、经制，臣所建明；而张所、傅亮，又臣所荐用。今潜善、伯彦沮所及亮，所以沮臣。臣每鉴靖康大臣不和之失，事未尝不与潜善、伯彦议而后行，而二人设心如此，愿陛下虚心观之。’既而诏罢经制司，召亮赴行在。纲言：‘圣意必欲罢亮，乞以御笔付潜善施行，臣得乞身归田。’纲退，而亮竟罢，乃再疏求去。上曰：‘卿所争细事，胡乃尔？’纲言：‘方今人材以将帅为急，恐非小事。臣昨议迁幸，与潜善、伯彦异，宜为所嫉。然臣东南人，岂不愿陛下东下为安便哉？顾一去中原，后患有不可胜言者。愿陛下以宗社为心，以生灵为意，以二圣未还为念，勿以臣去而改其议。臣虽去左右，不敢一日忘陛下。’泣辞而退。或曰：‘公决于进退，于义得矣，如谗者何？’纲曰：‘吾知尽事君之道，不可，

则全进退之节，患祸非所恤也。’”

[186]《建炎以来系年要录》卷六，建炎元年六月戊辰条：“何俌《龟鉴》曰：自纲之入右仆射也，以英哲全德勉人主，以修政攘夷为己任。抗忠数疏，中时膏肓。和守之议决而国是明，僭逆之罪正而士气作，幸都之谋定而人心安。他如修军政、变士风、定经制、改弊法，置检鼓院以通下情，置赏功司以伸国法，减上供之弊以宽州县，修茶盐之法以通商贾，铲东南官田而募民给佃，仿保甲弓箭手而官为教阅，招兵买马分布要害，遣张所招抚河北、王燮经制河东、宗泽留守京城，西顾关陕、南葺樊、邓，且将益据形便，以为必守中原之计。此朱文公谓‘李纲入来，方成朝廷’者，正谓此也。”

《宋史纪事本末·李纲辅政》卷六十：“吕中曰：自纲之入相也，以英哲全德勉人主，以修政攘夷为己任，抗忠数疏，中时膏肓，和守之议决而国是明，僭逆之罪正而士气作，幸都之谋定而人心安。他如修军政，变士风，定经制，改弊法，招兵买马，分布要害，遣张所招抚河北，王燮经制河东，宗泽留守京城，西顾关、陕，南葺襄、邓，且将益据形便，以为必守中原之计。朱子谓‘李纲入来，方成朝廷’者，正为此也。”

[187]《宋史·宗泽传》卷三百六十：“泽威声日著，北方闻其名，常尊惮之，对南人言，必曰宗爷爷。

泽疏言：‘丁进数十万众愿守护京城，李成愿扈从还阙，即渡河剿敌，杨进等兵百万，亦愿渡河，同致死力。臣闻“多助之至，天下顺之”。陛下及此时还京，则众心翕然，何敌国之足忧乎?'又奏言：'圣人爱其亲以及人之亲，所以教人孝；敬其兄以及人之兄，所以教人弟。陛下当与忠臣义士合谋肆讨，迎复二圣。今上皇所御龙德宫俨然如旧，惟渊圣皇帝未有宫室，望改修宝箓宫以为迎奉之所，使天下知孝于父、弟于兄，是以身教也。'上乃降诏择日还京。

泽前后请上还京二十余奏，每为潜善等所抑，忧愤成疾，疽发于背。诸将入问疾，泽矍然曰：'吾以二帝蒙尘，积愤至此。汝等能歼敌，则我死无恨。'众皆流涕曰：'敢不尽力!'诸将出，泽叹曰：'出师未捷身先死，长使英雄泪满襟。'翌日，风雨昼晦。泽无一语及家事，但连呼'过河'者三而薨。都人号恸。遗表犹赞上还京。赠观文殿学士、通议大夫，谥忠简。"

[188]《建炎以来系年要录》卷二十四，建炎三年六月辛酉条："辛酉，上手诏以四事自责：一曰昧经邦之远图，二曰昧戡难之大略，三曰无绥人之德，四曰失驭臣之柄。仍命出榜朝堂，遍谕天下，使知朕悔过之意。"

《宋史·高宗本纪》卷二十五："（建炎三年六月）辛酉，以久阴，下诏以四失罪己：一曰昧经邦之大略，二曰昧戡难之远图，三曰无绥人之德，四曰失驭臣之柄。仍榜朝堂，遍谕天下，使知朕悔过之意。"

[189]《宋史·赵鼎传》卷三百六十："久雨，诏求阙政。鼎言：'自熙宁间王安石用事，变祖宗之法，而民始病。假辟国之谋，造生边患；兴理财之政，穷困民力；设虚无之学，败坏人才。至崇宁初，蔡京托绍述之名，尽祖安石之政。

凡今日之患始于安石，成于蔡京。今安石犹配享庙廷，而京之党未除，时政之阙无大于此。’”

《王荆公年谱三种》：“高宗建炎二年，用赵鼎、吕好问言，停神宗庙庭配享，削其王封。

鼎上疏言：‘熙宁闲，王安石变祖宗之法而民始病。假辟国之谋，造生边患；兴理财之政，穷困民力；设虚无之学，败坏人身；卒成今日蔡京之祸。今安石犹未去配享，时政之阙，莫大于是。’上为敕罢，仍以富弼代之。”

[190]《建炎以来系年要录》卷二十四，建炎三年六月己酉条：“己酉，上以久雨不止，虑下有阴谋，或人怨所致，以谕辅臣。于是吕颐浩、张浚皆谢罪求去。上曰：‘宰执岂可容易去位？来日可否郎官以上赴都堂言阙政。’

御史中丞张守言：‘陛下罪己之诏数下矣，而天未悔祸，实有所未至尔。傥能应天以实不以文，则安知谴告警惧，非诱掖陛下以启中兴之业乎？’先是，守为副端，尝进修德之说，疏凡三上，且曰：

愿陛下处宫室之安，则思二帝、母后毡庐毳幕之居；享膳羞之奉，则思二帝、母后膻肉酪浆之味；服细暖之衣，则思二帝、母后穷边绝塞之寒苦；操予夺之柄，则思二帝、母后语言动作受制于人；享嫔御之适，则思二帝、母后谁为之使令；对臣下之朝，则思二帝、母后谁为之尊礼。要如舜之兢业，汤之危惧，大禹之菲恶，文、武之忧勤，圣心不倦，盛德日隆，而天之不助顺者，万无是理也。”

《宋史·张守传》卷三百七十五："六月，久雨恒阴，吕颐浩、张浚皆谢罪求去，诏郎官以上言阙政。初，守为副端时尝上疏曰：'陛下处宫室之安，则思二帝、母后穹庐毳幕之居；享膳羞之奉，则思二帝、母后膻肉酪浆之味；服细暖之衣，则思二帝、母后穷边绝塞之寒苦；操与夺之柄，则思二帝、母后语言动作受制于人；享嫔御之适，则思二帝、母后谁为之使令；对臣下之朝，则思二帝、母后谁为之尊礼。思之又思，兢兢栗栗，圣心不倦，而天不为之助顺者，万无是理也。'至是复申前说，曰：'今罪己之诏数下，而天未悔祸，实有所未至耳。'且曰：'天时人事至此极矣，陛下睹今日之势与去年孰愈？而朝廷之措置施设，与前日未始异也。俟其如维扬之变而后言之，则虽斥逐大臣，无救于祸。汉制灾异策免三公，今任宰相者，虽有勋劳，然其器识不足以斡旋机务。愿更择文武全材、海内所共推者，亲擢而并用之。上书论事，或有切直，宜加褒擢以来言路。'"

[191]《建炎以来系年要录》卷五六，绍兴二年七月乙丑条，"乙丑，给事中胡安国入对，上曰：'闻卿大名，为何累召不至？安国再拜辞谢，进曰：

臣闻保国必先定计，定计必先定都，建都择地，必先设险，设险分土，必先遵制，制国以守，必先恤民。夫国之有斯民，犹人之有元气，不可不恤也。除乱贼、选县令、轻赋敛、更弊法、省官吏，皆恤民之事也。而行此有道，必先立政，立政有经，必先核实。核实者，是非毁誉各不乱真，此致理之大要也。是非核实而后赏罚当，赏罚当而后号令行，人心顺从，惟上所命。以守则固，以战则胜，以攻则服，天下定矣。然欲致此，顾人主志尚如何耳。尚志所以立本也，正心所以决事也，养气所以制敌也，宏度所以用人也，宽隐所以明德也，具此五者，帝王之能事备矣。乞以核实而上十有五篇，付宰相参酌施行。”

《纲鉴易知录·南宋纪·高宗皇帝》卷七八：“帝初即位，召安国为给事中，黄潜善恶之，遂罢。潜善去，复召为中书舍人，兼侍讲。安国因上时政论二十一篇，其言以为：‘保国必先定计，定计必先建都，建都择地必先设险，《易》坎卦彖传：“王公设险以守其国。”分土必先制国，制国以守必先恤民。夫国之有民，犹人之有元气，不可不恤也。除乱贼，选县令，轻赋敛，更弊法，省官吏，皆恤民事也。而行此有道，必先立政；立政有经，必先核实，而后赏罚当；赏罚当，而后号令行，人心顺从，惟上所命，以守则固，以战则胜，以攻则服，天下定矣。然欲致此，顾人主志尚如何耳。尚志，所以立本也；正心，所以决事也；养气，所以制敌也；宏度，所以用人也；宽隐，所以明德也：具此五者，帝王之能事毕矣。’论入，改给事中。入对，以疾力求去，力，甚也。帝曰：‘闻卿深于春秋，方欲讲论。’遂以左氏传付安国点句、正音。安国言：‘春秋经世大典，见诸行事，非空言比。方今思济艰难，左氏繁碎，不宜虚费光阴，耽玩文采，莫若潜心圣经。’帝善之，命兼侍读，专讲《春秋》。”

[192]《宋史·赵鼎传》卷三百六十："除鼎知枢密院、川陕宣抚使，鼎辞以非才。上曰：'四川全盛半天下之地，尽以付卿，黜陟专之可也。'时吴玠为宣抚副使，鼎奏言：'臣与玠同事，或节制之耶？'上乃改鼎都督川、陕诸军事。

鼎所条奏，胜非多沮抑之。鼎上疏言：'顷张浚出使川、陕，国势百倍于今。浚有补天浴日之功，陛下有砺山带河之誓，君臣相信，古今无二，而终致物议，以被窜逐。今臣无浚之功而当其任，远去朝廷，其能免于纷纷乎？'""上言略曰"应为"赵鼎上言略曰"，原文"张俊"应为"张浚"。

[193]《宋史·李纲传》卷三百五十九："五年，诏问攻战、守备、措置、绥怀之方，纲奏：

愿陛下勿以敌退为可喜，而以仇敌未报为可愤；勿以东南为可安，而以中原未复、赤县神州陷于敌国为可耻；勿以诸将屡捷为可贺，而以军政未修、士气未振而强敌犹得以潜逃为可虞。则中兴之期，可指日而俟。

议者或谓敌马既退，当遂用兵为大举之计，臣窃以为不然。生理未固，而欲浪战以侥幸，非制胜之术也。高祖先保关中，故能东向与项籍争。光武先保河内，故能降赤眉、铜马之属。肃宗先保灵武，故能破安、史而复两京。今朝廷以东南为根本，将士暴露之久，财用调度之烦，民力科取之困，苟不大修守备，痛自料理，先为自固之计，何以能万全而制敌？

议者又谓敌人既退，当且保据一隅，以苟目前之安，臣又以为不然。秦师三伐晋，以报殽之师；诸葛亮佐蜀，连年出师以图中原，不如是，不足以立国。高祖在汉中，谓萧何曰：‘吾亦欲东。’光武破隗嚣，既平陇，复望蜀。此皆以天下为度，不如是，不足以混一区宇，戡定祸乱。况祖宗境土，岂可坐视沦陷，不务恢复乎？今岁不征，明年不战，使敌势益张，而吾之所纠合精锐士马，日以损耗，何以图敌？谓宜于防守既固、军政既修之后，即议攻讨，乃为得计。此二者，守备、攻战之序也。

至于守备之宜，则当料理淮南、荆襄，以为东南屏蔽。夫六朝之所以能保有江左者，以强兵巨镇，尽在淮南、荆襄间。故以魏武之雄，苻坚、石勒之众，宇文、拓拔之盛，卒不能窥江表。后唐李氏有淮南，则可以都金陵，其后淮南为周世宗所取，遂以削弱。近年以来，大将拥重兵于江南，官吏守空城于江北，虽有天险而无战舰水军之制，故敌人得以侵扰窥伺。今当于淮之东西及荆襄置三大帅，屯重兵以临之，分遣偏师，进守支郡，加以战舰水军，上连下接，自为防守。敌马虽多，不敢轻犯，则藩篱之势盛而无穷之利也。有守备矣，然后议攻战之利，分责诸路，因利乘便，收复京畿，以及故都。断以必为之志而勿失机会，则以弱为强，取威定乱于一胜之间，逆臣可诛，强敌可灭，攻战之利，莫大于是。

若夫万乘所居，必择形胜以为驻跸之所，然后能制服中外，以图事业。建康自昔号帝王之宅，江山雄壮，地势宽博，六朝更都之。臣昔举天下形势而言，谓关中为上，今以东南形势而言，则当以建康为便。今者，銮舆未复旧都，莫若且于建康权宜驻跸。愿诏守臣治城池，修宫阙，立官府，创营壁，使粗成规模，以待巡幸。盖有城池然后人心不恐，有官府然后政事可修，有营垒然后士卒可用，此措置之所当先也。

至于西北之民，皆陛下赤子，荷祖宗涵养之深，其心未尝一日忘宋。特制于强敌，陷于涂炭，而不能以自归。天威震惊，必有结纳来归、愿为内应者。宜给之土田，予以爵赏，优加抚循，许其自新，使陷溺之民知所依怙，莫不感悦，益坚戴宋之心，此绥怀之所当先也。

臣窃观陛下有聪明睿智之姿，有英武敢为之志，然自临御，迨今九年，国不辟而日蹙，事不立而日坏，将骄而难御，卒惰而未练，国用匮而无赢余之蓄，民力困而无休息之期。使陛下忧勤虽至，而中兴之效，邈乎无闻，则群臣误陛下之故也。

陛下观近年以来所用之臣，慨然敢以天下之重自任者几人？平居无事，小廉曲谨，似可无过，忽有扰攘，则错愕无所措手足，不过奉身以退，天下忧危之重，委之陛下而已。有臣如此，不知何补于国，而陛下亦安取此？夫用人如用医，必先知其术业可以已病，乃可使之进药而责成功。今不详究其术业而姑试之，则虽日易一医，无补于病，徒加疾而已。大概近年，闲暇则以和议为得计，而以治兵为失策；仓卒则以退避为爱君，而以进御为误国。上下偷安，不为长久之计。天步艰难，国势益弱，职此之由。

今天启宸衷，悟前日和议退避之失，亲临大敌。天威所临，使北军数十万之众，震怖不敢南渡，潜师宵奔。则和议之与治兵，退避之与进御，其效概可睹矣。然敌兵虽退，未大惩创，安知其秋高马肥，不再来扰我疆埸，使疲于奔命哉？臣夙夜为陛下思所以为善后之策，惟自昔创业、中兴之主，必躬冒矢石，履行阵而不避。故高祖既得天下，击韩王信、陈豨、黥布，未尝不亲行。光武自即位至平公孙述，十三年间，无一岁不亲征。本朝太祖、太宗，定惟扬，平泽、潞，下河东，皆躬御戎辂；真宗亦有澶渊之行，措天下于大安。此所谓始忧勤而终逸乐也。

若夫退避之策，可暂而不可常，可一而不可再，退一步则失一步，退一尺则失一尺。往时自南都退而至惟扬，则关陕、河北、河东失矣；自惟扬退而至江、浙，则京东、西失矣。万有一敌骑南牧，复将退避，不知何所适而可乎？航海之策，万乘冒风涛不测之险，此又不可之尤者也。惟当于国家闲暇之时，明政刑，治军旅，选将帅，修车马，备器械，峙糗粮，积金帛。敌来则御，俟时而奋，以光复祖宗之大业，此最上策也。臣愿陛下自今以往，勿复为退避之计，可乎？

臣又观古者敌国善邻，则有和亲，仇雠之邦，鲜复遣使。岂不以衅隙既深，终无讲好修睦之理故耶？东晋渡江，石勒遣使于晋，元帝命焚其币而却其使。彼遣使来，且犹却之，此何可往？假道僭伪之国，其自取辱，无补于事，只伤国体。金人造衅之深，知我必报，其措意为何如？而我方且卑辞厚币，屈体以求之，其不推诚以见信，决矣。器币礼物，所费不赀，使轺往来，坐索士气，而又邀我以必不可从之事，制我以必不敢为之谋，是和卒不成，而徒为此扰扰也。非特如此，于吾自治自强之计，动辄相妨，实有所害。金人二十余年，以此策破契丹、困中国，而终莫之悟。夫辨是非利害者，人心所同，岂真不悟哉？聊复用此以侥幸万一，曾不知为吾害者甚大，此古人所谓几何侥幸而不丧人之国者也。臣愿自今以往，勿复遣和议之使，可乎？

二说既定，择所当为者，一切以至诚为之。俟吾之政事修，仓廪实，府库充，器用备，士气振，力可有为，乃议大举，则兵虽未交，而胜负之势已决矣。

抑臣闻朝廷者根本也，藩方者枝叶也，根本固则枝叶蕃。朝廷者腹心也，将士者爪牙也，腹心壮则爪牙奋。今远而强敌，近而伪臣，国家所仰以为捍蔽者在藩方，所资以致攻讨者在将士，然根本腹心则在朝廷。惟陛下正心以正朝廷百官，使君子小人各得其分，则是非明，赏罚当，自然藩方协力，将士用命，虽强敌不足畏，逆臣不足忧，此特在陛下方寸之间耳。

臣昧死上条六事：一曰信任辅弼，二曰公选人材，三曰变革士风，四曰爱惜日力，五曰务尽人事，六曰寅畏天威。

何谓信任辅弼？夫兴衰拨乱之主，必有同心同德之臣相与有为，如元首股肱之于一身，父子兄弟之于一家，乃能协济。今陛下选于众以图任，遂能捍御大敌，可谓得人矣。然臣愿陛下待以至诚，无事形迹，久任以责成功，勿使小人得以间之，则君臣之美，垂于无穷矣。

何谓公选人才？夫治天下者，必资于人才，而创业、中兴之主，所资尤多。何则？继体守文，率由旧章，得中庸之才，亦足以共治；至于艰难之际，非得卓荦瑰伟之才，则未易有济。是以大有为之主，必有不世出之才，参赞翊佐，以成大业。然自昔抱不群之才者，多为小人之所忌嫉，或中之以黯暗，或指之为党与，或诬之以大恶，或擿之以细故。而以道事君者，不可则止，难于自进，耻于自明，虽负重谤、遭深谴，安于义命，不复自辨。苟非至明之主，深察人之情伪，安能辨其非辜哉？陛下临御以来，用人多矣，世之所许以为端人正士者，往往闲废于无用之地；而陛下寤寐侧席，有乏材之叹，盍少留意而致察焉！

何谓变革士风？夫用兵之与士风，似不相及，而实相为表里。士风厚则议正而是非明，朝廷赏罚当功罪而人心服，考之本朝嘉祐、治平以前可知已。数十年来，奔竞日进，论议徇私，邪说利口，足以惑人主之听。元祐大臣，持正论如司马光之流，皆社稷之臣也，而群枉嫉之，指为奸党，颠倒是非，政事大坏，驯致靖康之变，非偶然也。窃观近年士风尤薄，随时好恶，以取世资，滃 成风，岂朝廷之福哉？大抵朝廷设耳目及献纳论思之官，固许之以风闻，至于大故，必须核实而后言。使其无实，则诬人之罪，服谗搜慝，得以中害善良，皆非所以修政也。

何谓爱惜日力？夫创业、中兴，如建大厦，堂室奥序，其规模可一日而成，鸠工聚材，则积累非一日所致。陛下临御，九年于兹，境土未复，僭逆未诛，仇敌未报，尚稽中兴之业者，诚以始不为之规摹，而后不为之积累故也。边事粗定之时，朝廷所推行者，不过簿书期会不切之细务，至于攻讨防守之策，国之大计，皆未尝留意。夫天下无不可为之事，亦无不可为之时。惟失其时，则事之小者日益大，事之易者日益难矣。

何谓务尽人事？天人之道，其实一致，人之所为，即天之所为也。人事尽于前，则天理应于后，此自然之符也。故创业、中兴之主，尽其在我，而以其成功归之于天。今未尝尽人事，敌至而先自退屈，而欲责功于天，其可乎？臣愿陛下诏二三大臣，协心同力，尽人事以听天命，则恢复土宇，剪屠鲸鲵，迎还两宫，必有日矣。

何谓寅畏天威？夫天之于王者，犹父母之于子，爱之至，则所以为之戒者亦至。故人主之于天戒，必恐惧修省，以致其寅畏之诚。比年以来，荧惑失次，太白昼见，地震水溢，或久阴不雨，或久雨不霁，或当暑而寒，乃正月之朔，日有食之。此皆天意眷佑陛下，丁宁反覆，以致告戒。惟陛下推至诚之意，正厥事以应之，则变灾而为祥矣。

凡此六者，皆中兴之业所关，而陛下所当先务者。

今朝廷人才不乏，将士足用，财用有余，足为中兴之资。陛下春秋鼎盛，欲大有为，何施不可？要在改前日之辙，断而行之耳。昔唐太宗谓魏征为敢言，征谢曰："陛下道臣使言，不然，其敢批逆鳞哉。"今臣无魏征之敢言，然展尽底蕴，亦思虑之极也。惟陛下赦其愚直，而取其拳拳之忠。

疏奏，上为赐诏褒谕。除江西安抚制置大使兼知洪州。有旨，赴行在奏事毕之官。六年，纲至，引对内殿。朝廷方锐意大举，纲陛辞，言今日用兵之失者四，措置未尽善者五，宜预备者三，当善后者二。”

[194]《建炎以来系年要录》：“责授左朝奉大夫、秘书少监、永州居住张浚复左宣奉大夫、提举临安府洞霄宫。浚上疏言：‘燕、云之举，其鉴不远。虏自宣和以来，挟诈反覆，倾我国家，盖非可结以恩信，事以仁义者。’”

《宋史全文·宋高宗十二》：“浚上疏言：‘燕云之举，其鉴不远。敌自宣和以来挟诈反覆，倾我国家，盖非可结以恩信，事以仁义者。盖自尧舜以来，人主奄有天下，非兵无以立国，未闻委质夷狄可以削平祸难，远而石晋，近而叛豫，著人耳目，历历可想。战国之时，楚怀王入觐于秦，一往不返，逮今千载之下为之痛心，由辨之不早也。’”原文“张俊”应为“张浚”。

[195]《宋史·李纲传下》卷三百五十九：“纲负天下之望，以一身用舍为社稷生民安危。虽身或不用，用有不久，而其忠诚义气，凛然动乎远迩。每宋使至燕山，必问李纲、赵鼎安否，其为远人所畏服如此。纲有著《易传》内篇十卷、外篇十二卷，《论语详说》十卷，文章、歌诗、奏议百余卷，又有《靖康传信录》《奉迎录》《建炎时政记》《建炎进退志》《建炎制诏表札集》《宣抚荆广记》《制置江右录》。”

[196]《建炎以来系年要录》卷五二，绍兴二年三月甲寅条："甲寅，上策试诸路类试奏名进士于讲殿，上谓辅臣曰：'朕此举将以作成人才，为异日之用。若其言鲠亮切直，他日必端方不回之士。自崇宁以来，恶人敢言，士气不作，流弊至今，不可不革。'因手诏谕考官：'直言者置之高等，尤谄佞者居下列。'盐官进士张九成对策曰：

祸难之作，天所以开圣人。愿陛下以刚大为心，无遽以惊忧自阻。臣观金虏有必亡之势，而中国有必兴之理，特在陛下何如耳。夫好战必亡，失其故俗必亡，人心不服必亡，而金虏皆与有焉。彼刘豫者，素无勋德，殊乏声称，天下徒见其背叛于君亲，而委身于寇敌耳，黠雏经营，有同儿戏。今日之计，当先用越王之法以骄之，使侈心肆意，无所忌惮，天其灭之。将见权臣争强，篡夺之祸起矣。

臣观滨江郡县，为守令者，类无远图。阳羡、惠山之民，何其被酷之深也。率敛之名，种类闳大，秋苗之外，又有苗头；苗头未已，又行八折；八折未已，又曰大姓；大姓竭矣，又曰经实；经实均矣，又曰均敷；均敷之外，名字未易数也。流离奔窜，益以无聊。臣窃谓前世中兴之主，大抵以刚德为尚，去谗节欲，远佞防奸，皆中兴之本也。

今闾巷之人，畎亩之伍，皆知有父兄妻子之乐，室家聚处之欢。陛下虽贵为天子，富有四海，徒以金人之故，使陛下冬不得其温，夏不得其清，昏无所于定，晨无所于省。问寝之私，何时可遂乎？在原之急，何时可救乎？日往月来，何时可归乎？望远伤怀，何时可释乎？每感时遇物，想惟圣心雷厉，天泪雨流，思欲扫清蛮帐，以迎二圣之车。若夫小民则不然，是以搜揽少虫，驰驱骏马，道路之言，有若上诬圣德者。深察其源，盖亦有自。

彼阉人私求禽马，动以陛下为名，且阉寺闻名，国之不祥也。今此曹名字稍稍有闻，此臣之所忧也。贤士大夫，宴见有时，宦官女子，实居前后。有时者易疏，前后者难闲，圣意荏苒，不知其非。不若使之安扫除之役，复门户之司，凡交结往来者有禁，干与政事者必疏。陛下日御便殿，亲近儒者，讲诗书之指趣，论古今之成败，将闻阉寺之言，如狐狸夜号而鸱枭昼舞也。

上感其言，擢九成第一，馀杭凌景夏次之。”

《宋史·张九成传》卷三百七十四：“绍兴二年，上将策进士，诏考官，直言者置高等。九成对策略曰：‘祸乱之作，天所以开圣人也。愿陛下以刚大为心，无以忧惊自沮。臣观金人有必亡之势，中国有必兴之理。夫好战必亡，失其故俗必亡，人心不服必亡，金皆有焉。刘豫背叛君亲，委身夷狄，黠雏经营，有同儿戏，何足虑哉。前世中兴之主，大抵以刚德为尚。去谗节欲，远佞防奸，皆中兴之本也。今闾巷之人皆知有父兄妻子之乐，陛下贵为天子，冬不得温，夏不得清，昏无所定，晨无所省，感时遇物，凄惋于心，可不思所以还二圣之车乎？’又言：‘阉寺闻名，国之不祥也，今此曹名字稍稍有闻，臣之所忧也。当使之安扫除之役，凡结交往来者有禁，干预政事者必诛。’擢置首选。杨时遗九成书曰：‘廷对自中兴以来未之有，非刚大之气，不为得丧回屈，不能为也。’”

[197]“吴玠饰名姝遗于飞”。原文作“吴玠饰名妹遗于飞”，据《宋史·岳飞传》卷三百六十五改。

[198]《纲鉴易知录·南宋纪·高宗皇帝》卷七八：“飞事亲孝，家无姬侍。吴玠素服飞，愿与交欢，饰名姝遗之，姝音枢，美女。飞曰：‘主上宵旰，岂大将安乐时邪！’却不受，玠益敬服。帝欲为飞营第，飞辞曰：‘金虏未灭，何以家为！’或谓天下何时太平？飞曰：‘文臣不爱钱，武臣不惜死，天下太平矣。’”

[199]《宋史·岳飞传》卷三百六十五：“飞至孝，母留河北，遣人求访，迎归。母有痼疾，药饵必亲。母卒，水浆不入口者三日。家无姬侍。吴玠素服飞，愿与交驩，饰名姝遗之。飞曰：‘主上宵旰，岂大将安乐时？’却不受，玠益敬服。少豪饮，帝戒之曰：‘卿异时到河朔，乃可饮。’遂绝不饮。帝初为飞营第，飞辞曰：‘敌未灭，何以家为？’或问天下何时太平，飞曰：‘文臣不爱钱，武臣不惜死，天下太平矣。’”

[200]《宋史·岳飞传》卷三百六十五：“张俊尝问用兵之术，曰：‘仁、智、信、勇、严，阙一不可。’”

《鄂国金佗稡编续编校注》：“张俊尝请问用兵之术，答曰：‘仁、信、智、勇、严，五者不可阙一。’请问‘严’，曰：‘有功者重赏，无功者峻罚。’四曰明号令：授兵指画，约束明简，使人易从，违者必罚。五曰严纪律：行师用众，秋毫不犯，有践民稼，伤农功，市物售直不如民欲之类，其死不贷。卒有取民麻一缕，以束刍者，诘其所自得，立斩之。六曰同甘苦：待人以恩，常与士卒最下者同食。樽酒脔肉，必均及其下，酒少不能遍，则益之以水，人受一啜。出师野次，士卒露宿，虽馆舍甚备，不独入。诏词有所谓‘绝少分甘，与人同欲’，又云‘甘苦同于士卒’，‘虽万众而犹一心’者指此。诸将远戍，则使妻至其家，问劳其妻妾，遗之金帛，申殷勤之欢，人感其诚，各勉君子以忠报。其有死事者，哭之尽哀，辍食数日。育其孤，或以子婚其女。士卒有疾，辄亲造抚视，问所欲，至手为调药。朝廷每有颁犒，多者数十万缗，少者数万缗，付之有司分给，一钱不私藏。尝命其将支犒：带甲人五缗，轻骑人三缗，不带甲者二缗。将裁其数，匿金归已，杖而杀之。有是六者，用能恩威兼济，人人畏爱，重犯法。”

[201] 吕中《中兴大事记》：“飞之死，尤不厌众心。飞忠孝出于天性，自结发从戎，凡历数百战，内平剧盗，外抗强胡。其用兵也，尤善以寡胜众。其从杜充也，以八百人破群盗五十万众于南薰门外；其破曹成也，以八千人破其十万众于桂岭；其战兀术也，于颍昌则以背嵬八百，于朱仙镇则以背嵬五百，皆破其众十余万。虏人所畏服，不敢以名称，至以父呼之。自兀术有必杀飞而后可和之言，桧之心与虏合，而张俊之心又与桧合，媒孽横生，不置之死地不止。万俟　以愿备锻炼，自谏议而得中丞；王俊以希旨诬告，自遥防而得廉车；姚政、庞荣、傅选

之徒亦以阿附，并沐累迁之宠。附会其事，无所不至，而‘莫须有’三字，世忠终以为无以服天下。飞死，世忠罢，中外大权尽归于桧，于是尽逐君子，尽用小人矣。”

《宋史·岳飞传》卷三百六十五：“初，飞在狱，大理寺丞李若朴何彦猷、大理卿薛仁辅并言飞无罪， 俱劾去。宗正卿士 请以百口保飞， 亦劾之，窜死建州。布衣刘允升上书讼飞冤，下棘寺以死。凡傅成其狱者，皆迁转有差。

狱之将上也，韩世忠不平，诣桧诘其实，桧曰：‘飞子云与张宪书虽不明，其事体莫须有。’世忠曰：‘“莫须有”三字，何以服天下？’时洪皓在金国中，蜡书驰奏，以为金人所畏服者惟飞，至以父呼之，诸酋闻其死，酌酒相贺。”

《大金国志校证·熙宗孝成皇帝三》卷之十一：“十二月，兀术以书抵秦桧曰：‘尔朝夕以和请，而岳飞方为河北图，必杀岳飞，而后可和。’桧奏，诛飞及张宪、岳云。岳飞忠孝出于天性。初，从驾渡河，留妻养母。河北破，凡十八往返，乃迎母归。母丧，庐墓，御札数四强之而后起，慷慨以必取中原为念。少饮酒〔能〕至数斗，上尝戒之曰：‘卿异时到河朔乃可饮酒。’遂绝口不饮。吴玠尝盛饰名姝以遗之，却而不受。上欲〔为〕营居第于行都，飞辞谢曰：‘金人未灭，臣何以家为？’飞前后累平剧盗，复襄、汉六郡，功名出诸将右。张俊遘成飞罪，赴狱赐死。洪皓在金，蜡书驰奏，以为金所大畏服者惟飞，至以父呼之。诸将闻其死，至酌酒相庆。”

[202]《宋史·赵鼎传》卷三百六十："中丞詹大方诬其受贿，属潮守放编置人移吉阳军，鼎谢表曰：'白首何归，怅余生之无几；丹心未泯，誓九死以不移。'桧见之曰：'此老倔强犹昔。'"

[203]《宋史·刘子羽传》卷三百七十："十六年，卒。子珙，自有传。吏部郎朱松以子熹托子羽，子羽与弟子　笃教之，异时卒为大儒云。"

[204]《建炎以来系年要录》卷一百五十五，绍兴十六年壬申条："壬申，检校少傅崇信军节度使和国公张浚落节钺职名，依旧特进，提举江州太平观，连州居住。先是浚因星变，欲力论时事，以悟上意。以其母太夫人计氏年高，言之必被祸，恐不能堪。计氏见其形瘠，浚具言所以。计氏诵其父咸绍圣初举制科策曰：'臣宁言而死于斧钺，不忍不言而负陛下。'浚意遂决。即上疏言：'当今事势，如养大疽于头目心腹之闲，不决不止，决迟则祸大而难测，决疾则祸轻而易治。惟陛下谋之于心，断之以独，谨察情伪，豫备仓卒，庶几社稷有安全之理。不然，日复一日，后将噬脐。异时以国与敌者，反归罪正议。此臣所以食不下咽，而一夕不能安也。'于是秦桧以谓时已太平，讳言兵事，见之大怒。御史中丞何若即奏浚建造大第，强占民田，殊失大臣省愆念咎之体，居常怨恨。以和议非便。惟欲四方多事，幸侥再进，包藏祸心，为害实大，望赐降黜，以为臣子喜乱徇私之戒，故有是命。"

《宋史·张浚传》卷三百六十一："十六年，彗星出西方，浚将极论时事，恐贻母忧。母讶其瘠，问故，浚以实对。母诵其父对策之语曰：‘臣宁言而死于斧钺，不能忍不言以负陛下。’浚意乃决。上疏谓：‘当今事势，譬如养成大疽于头目心腹之间，不决不止。惟陛下谋之于心，谨察情伪，使在我有不可犯之势，庶几社稷安全；不然，后将噬脐。’事下三省，秦桧大怒，令台谏论浚，以特进提举江州太平兴国宫，居连州。二十年，徙永州。”故原文“张俊”应为“张浚”。

[205]《建炎以来系年要录》卷二百，绍兴三十二年壬辰条：“上手书召判建康府张浚。既见，上改容曰；‘久闻公名，今朝廷所恃惟公。’浚言；‘人主之学，以心为本，一心合天，何事不济？所谓天者，天下之公理而已。必兢业自持，使清明在躬，则赏罚举措，无有不当，人心自归，强邻自服。’上竦然曰：‘当不忘公言。’浚见上天锡英武，力陈和议之非，劝上坚意以图事功。于是加浚少傅，进封魏国公，除江淮宣抚使，节制屯驻军马。”

《宋史·张浚传》卷三百六十一：“孝宗即位，召浚入见，改容曰：‘久闻公名，今朝廷所恃唯公。’赐坐降问，浚从容言：‘人主之学，以心为本，一心合天，何事不济？所谓天者，天下之公理而已。必兢业自持，使清明在躬，则赏罚举措，无有不当，人心自归，敌仇自服。’孝宗悚然曰：‘当不忘公言。’进封魏国公。”故原文“张俊”应为“张浚”，帝非宋高宗，而为宋孝宗。

[206]《宋史纪事本末·孝宗之立》卷七十六：“史臣曰：高宗恭俭仁厚，以之继体守文则有余，拨乱反正则不足。当

其初立，因四方勤王之师，内相李纲，外任宗泽，天下之事宜无不可为者。顾乃播迁穷僻，坐失事机，始惑于汪、黄，终制于秦桧，偷安忍耻，匿怨忘亲，以贻来世之讥，悲夫!”“始惑于汪、黄”，原文作“始惑于任、黄”，据《宋史纪事本末·孝宗之立》卷七十六改。

[207]《宋史·高宗本纪》卷三十二：“高宗恭俭仁厚，以之继体守文则有余，以之拨乱反正则非其才也。况时危势逼，兵弱财匮，而事之难处又有甚于数君者乎？君子于此，盖亦有悯高宗之心，而重伤其所遭之不幸也。

然当其初立，因四方勤王之师，内相李纲，外任宗泽，天下之事宜无不可为者。顾乃播迁穷僻，重以苗、刘群盗之乱，权宜立国，确虖艰哉。其始惑于汪、黄，其终制于奸桧，恬堕猥懦，坐失事机。甚而赵鼎、张浚相继窜斥，岳飞父子竟死于大功垂成之秋。一时有志之士，为之扼腕切齿。帝方偷安忍耻，匿怨忘亲，卒不免于来世之诮，悲夫!”

[208]《宋史·道学》卷四百二十九：“孝宗即位，诏求直言，熹上封事言：‘圣躬虽未有过失，而帝王之学不可以不熟讲。朝政虽未有阙遗，而修攘之计不可以不早定。利害休戚虽不可遍举，而本原之地不可以不加意。陛下毓德之初，亲御简策，不过风诵文辞，吟咏情性，又颇留意于老子、释氏之书。夫记诵词藻，非所以探渊源而出治道；虚无寂灭，非所以贯本末而立大中。帝王之学，必先格物致知，以极夫事物之变，使义理所存，纤悉毕照，则自然意诚心正，而可以应天下之务。’次言：‘修攘之

计不时定者，讲和之说误之也。夫金人于我有不共戴天之仇，则不可和也明矣。愿断以义理之公，闭关绝约，任贤使能，立纪纲，厉风俗。数年之后，国富兵强，视吾力之强弱，观彼衅之浅深，徐起而图之。’次言：‘四海利病，系斯民之休戚，斯民休戚，系守令之贤否。监司者守令之纲，朝廷者监司之本也。欲斯民之得其所，本原之地亦在朝廷而已。今之监司，奸赃狼籍、肆虐以病民者，莫非宰执、台谏之亲旧宾客。其已失势者，既按见其交私之状而斥去之；尚在势者，岂无其人，顾陛下无自而知之耳。’”

[209]《宋史·孝宗本纪》卷三十三：“孝宗绍统同道冠德昭功哲文神武明圣成孝皇帝，讳昚，字元永，太祖七世孙也。初，太祖少子秦王德芳生英国公惟宪，惟宪生新兴侯从郁，从郁生华阴侯世将，世将生庆国公令譮，令譮生子偁，是为秀王。王夫人张氏梦人拥一羊遗之曰：‘以此为识。’已而有娠，以建炎元年十月戊寅生帝于秀州青杉闸之官舍，红光满室，如日正中。少长，命名伯琮。”

[210]《宋史全文》卷二十四上：“朱文公曰：‘南渡以来，士大夫唱为和议，其贤分则不过为保守江南之计，莫有知其为人变者，独公欲正人心、雪仇耻、复土宇、镇遗黎。晚复际遇，主议益坚，虽天啬其功，使公困于谗忌之口，不得就其志，然而表著天心，扶持人纪，使天下晓然于中外之辨，其功盛哉！惜子浚之功未遂而桧之毒愈深，后来者遂以东南为正统之地，以忍耻事仇为义礼之当然，称叔侄之国，减岁帑五万，则朝廷动色相贺。而自壬午

至丙寅四十五年之间，所争者受书之仪而已，可深叹哉!’”原文“俊”应为“浚”。

[211]《宋史·刘珙传》卷三百八十六：“除翰林学士、知制诰兼侍读，言于上曰：‘世儒多病汉高帝不悦学，轻儒生，臣以为高帝所不悦，特腐儒俗学耳。使当时有以二帝三王之学告之，知其必敬信，功烈不止此。’因陈‘圣王之学所以明理正心，为万事之纲’。上亟称善。”

[212]《金史·世宗本纪》卷六：“上谕左宣徽使敬嗣辉曰：‘凡为人臣，上欲要君之恩，下欲干民之誉，必亏忠节，卿宜戒之。’”

[213]《金史·世宗上》卷六：“辛未，谓秘书监移剌子敬等曰：‘昔唐、虞之时，未有华饰，汉惟孝文务为纯俭。朕于宫室惟恐过度，其或兴修，即损宫人岁费以充之，今亦不复营建矣。如宴饮之事，近惟太子生日及岁元尝饮酒，往者亦止上元、中秋饮之，亦未尝至醉。至于佛法，尤所未信。梁武帝为同泰寺奴，辽道宗以民户赐寺僧，复加以三公之官，其惑深矣。’”

[214]《宋史全文·宋孝宗三》卷二十五上：“六月戊戌，上御便殿。初，上御弧矢，有弦激之虞，以致目眚，至是康复。陈俊卿密疏曰：‘陛下经月不御外朝，口语籍籍，由臣辅相无状，不能先事开陈，以致惊动圣躬，亏损盛德，非细事也。臣闻自昔人主处富贵崇高之极，志得意满，道不足以制欲，则游畋、声色、车服、宫室不能无所偏溺，而不得为全德之君。陛下忧勤恭俭，清净寡欲，凡前世英主所不得免者一切屏绝，顾于骑射之末，犹有未

能忘者。臣知陛下非有所乐乎此，盖神武之略志图恢复。故俯而从事于此，以阅武备，激士气耳。陛下诚能任智谋之士以为腹心，仗武猛之材以为爪牙，明赏罚以鼓士气，恢信义以怀归附。则英声义烈，不出樽俎之间，而敌人固已逡巡震叠于千万里之远，尚何待区区驰射于百步之间哉?’又曰：‘古之命大臣，使之朝夕纳诲以辅德，绳愆纠缪以格非，欲其有以正君之过于未形。唐太宗臂鹰将猎，见魏征而遽止；宪宗蓬莱之游，惮李绛而不行。臣人微望轻，无二子骨鲠强谏之节，致陛下过举彰闻于外。今诛将及身，而后乃言，亦何补于既往之咎哉?’又曰：‘弓矢之技，人所常习而易精，然犹不免今日之患，况球鞠之戏，本无益于用武，而激射之虞、衔橛之变，又有甚于弓矢者。间者陛下颇亦好之，臣屡献言，未蒙省录。今兹之失，盖天之仁爱陛下，示以警惧，使因其小而戒其大也。陛下试以弦断之变思之，则向之盛气驰骋于奔堤击逐之间无所蹉跌，盖亦幸矣。岂不为之寒心哉？太祖皇帝尝以坠马之故而罢猎，又以乘醉之误而戒饮，迁善改过，不俟旋踵，此子孙帝王万世之大训也。臣愿陛下克己厉行，一以太祖为法，则盛德光辉将日新于天下，而前日之过，何伤日月之明哉?’”

[215]《宋史·张栻传》卷四百二十九：“明年，（张栻）召为吏部侍郎，兼权起居郎侍立官。时宰方谓敌势衰弱可图，建议遣泛使往责陵寝之故，士大夫有忧其无备而召兵者，辄斥去之。栻见上，上曰：‘卿知敌国事乎?’栻对曰：‘不知也。’上曰：‘金国饥馑连年，盗贼四起。’栻曰：

‘金人之事，臣虽不知，境中之事，则知之矣。’上曰：‘何也?’栻曰：‘臣切见比年诸道多水旱，民贫日甚，而国家兵弱财匮，官吏诞谩，不足倚赖。正使彼实可图，臣惧我之未足以图彼也。’上为默然久之。栻因出所奏疏读之曰：‘臣窃谓陵寝隔绝，诚臣子不忍言之至痛，然今未能奉辞以讨之，又不能正名以绝之，乃欲卑词厚礼以求于彼，则于大义已为未尽。而异论者犹以为忧，则其浅陋畏怯，固益甚矣。然臣窃揆其心意，或者亦有以见我未有必胜之形，而不能不忧也欤。盖必胜之形，当在于早正素定之时，而不在于两阵决机之日。’上为竦听改容。栻复读曰：‘今日但当下哀痛之诏，明复仇之义，显绝金人，不与通使。然后修德立政，用贤养民，选将帅，练甲兵，通内修外攘、进战退守以为一事，且必治其实而不为虚文，则必胜之形隐然可见，虽有浅陋畏怯之人，亦且奋跃而争先矣。’”故原文“张拭”应为“张栻”。

[216]《宋史·张说传》卷四百七十：“张说，开封人。父公裕，省吏也，为和州防御使，建炎初有军功。说受父任为右职，娶寿圣皇后女弟，由是累迁知　门事。隆兴初，兼枢密副都承旨。乾道初，为都承旨，加明州观察使。

七年三月，除签书枢密院事。时起复刘珙同知枢密院，珙耻与之同命，力辞不拜。命既下，朝论哗然不平，莫敢颂言于朝者。惟左司员外郎张栻在经筵力言之，中书舍人范成大不草词。寻除说安远军节度使，奉祠归第。不数月，出栻知袁州。”

《宋史·孝宗本纪》卷三十四：“己卯，起复刘珙同知枢密院事。以明州观察使、知 门事兼枢密都承旨张说签书枢密院事。左司员外郎兼侍讲张栻言说不宜执政。”

[217]《明史·罗伦传》卷一百七十九：“孝宗尝起复刘珙矣，珙辞曰：‘身在草土之中，国无门庭之寇，难冒金革之名，私窃利禄之实。’孝宗不抑其情。”

[218]《金史·世纪本纪》卷七：“丙寅，上与亲王、宰执、从官从容论古今兴废事，曰：‘经籍之兴，其来久矣，垂教后世，无不尽善。今之学者，既能诵之，必须行之。然知而不能行者多矣，苟不能行，诵之何益。女直旧风最为纯直，虽不知书，然其祭天地，敬亲戚，尊耆老，接宾客，信朋友，礼意款曲，皆出自然，其善与古书所载无异。汝辈当习学之，旧风不可忘也。’”

[219]《金史·世宗本纪》卷七：“辛巳，上谓宰臣曰：‘今在位不闻荐贤何也。昔狄仁杰起自下僚，力扶唐祚，使既危而安，延数百年之永。仁杰虽贤，非娄师德何以自荐乎。’”

[220]《宋史·食货》卷一百七十四：“七年夏，大旱。知南康军朱熹应诏上封事言：‘今民间二税之入，朝廷尽取以供军，州县无复赢余，于是别立名色巧取。今民贫赋重，惟有核兵籍，广屯田，练民兵，可以渐省列屯坐食之兵，稍损州郡供军之数。使州县之力浸纾，然后禁其苛敛，责其宽恤，庶几穷困之民得保生业，无流移漂荡之患。’八年，诏监司、太守察所部催科不扰者荐之，烦扰害民者劾之。十一年，户部奏：诸路州军检放旱伤米数近六

十万石。上谕王淮曰：‘若尽令核实，恐他年郡县怀疑，不复检放。惟宁国数最多，可令漕司核实而蠲之。’”

《朱子年谱》卷二：“诏监司、郡守条具民间利病，遂上疏言：‘天下之大务，莫大于恤民；恤民之本，又在人君正心术以立纪纲。今日民间特以税重为苦，正缘二税之入，朝廷尽取以供军，而州县无复赢余，则不免于二税之外，别作名色，巧取于民。今民贫赋重，若不计理军实，去其浮冗，则民力决不可宽。唯有选将吏，核兵籍，可以节军赀；开广屯田，可以实军储；练习民兵，可以益边备。今日将帅之选，率皆膏粱子弟、厮役凡流，所得差遣，为费已是不赀，到军之日，唯望裒敛刻剥，以偿债负。总馈饷之任者，亦皆倚负幽阴，交通货赂，其所驱催东南数十州之脂膏骨髓，名为供军，而辇载以输权幸之门者，不可以数计。然则欲计军实以纾民力，必尽反前之所为，然后乃可革也。授将印，委利权，一出于朝廷之公议，则可以绝苞苴请托之私，而刻剥之风可革；务求忠勇沈毅、实经行阵之人，则可以革轻授非才之弊，而军士畏爱，搜阅以时，窜名冗食者不得容于其间。又择老成忠实、通晓兵农之务者，使领屯田之事，付以重权，责以久任，则可以渐省列屯坐食之兵，稍损州县供军之数。军籍既核，屯田既成，兵民既练，州县事力既纾，然后可以禁其苛敛，责其宽恤，庶几穷困之民得保生业，无复流移漂荡之患（矣）。所谓治其本在于正心术以立纪纲者，盖天下之纪纲不能以自立，必人主之心术公平正大，无偏党反侧之私，然后纪纲有所系而立。君心不能以自正，必亲贤臣，远小人，讲明义理之归，闭塞私邪之路，然后乃可得而正。今宰相、台省、师傅、宾友、谏诤之臣皆失其职，而陛下所与亲密谋议者，不过一二近习之臣。此一二小人者，上则蛊惑陛下之心志，使陛下不信先王之大道，而悦于功利之卑说，不乐庄士之谠言，而安于私暬之鄙态；下则招集天下士大夫之嗜利无耻者，文武汇分，各入其门。所喜则阴为引援，擢置清显；所恶则密行訾毁，公肆挤排。交通货赂，则所盗者皆陛下之财。命卿置将，则所窃者皆陛下之柄。陛下所谓宰相、师傅、宾友、谏诤之臣，或反出入其门墙，承望其风旨；其幸能自立者，亦不过龊龊自守，而未尝敢一言以斥之；其甚畏公论者，乃略能警逐其徒党之一二，既不能深有所伤，而终亦不敢明言以捣其囊橐窟穴之所在。势成威立，中外靡然向之，使陛下之号令黜陟不复出于朝廷，而出于此一二人之门，名为陛下之独断，而实此一二人者阴执其柄。盖其所坏非独坏陛下之纪纲，乃并与陛下所以立纪纲者而坏之。则民又安可得而恤？财又安可得而理？军政何自而修？土宇何自而复？宗庙之仇耻又何时而可雪耶？’”

[221]《宋史·张栻传》卷四百二十九：“栻为人表里洞然，勇于从义，无毫发滞吝。每进对，必自盟于心，不可以人主意悦辄有所随顺。孝宗尝言伏节死义之臣难得，栻对：‘当于犯颜敢谏中求之。若平时不能犯颜敢谏，他日何望其伏节死义？’孝宗又言难得办事之臣，栻对：‘陛下当求晓事之臣，不当求办事之臣。若但求办事之臣，则他

日败陛下事者，未必非此人也。’栻自言：前后奏对忤上旨虽多，而上每念之，未尝加怒者，所谓可以理夺云尔。”

[222]《宋史·张栻传》卷四百二十九：“栻闻道甚早，朱熹尝言：‘己之学乃铢积寸累而成，如敬夫，则于大本卓然先有见者也。’所著《论语孟子说》《太极图说》《洙泗言仁》《诸葛忠武侯传》《经世纪年》，皆行于世。栻之言曰：‘学莫先于义利之辨。义者，本心之当为，非有为而为也。有为而为，则皆人欲，非天理。’此栻讲学之要也。”“所著《论语孟子说》《太极图说》”。原文作“所著《论语孟子说》《大极之图说》”，据《宋史·张栻传》卷四百二十九改。

[223]《宋史全文·宋孝宗七》卷二十七上：“监察御史陈贾奏略曰：‘臣窃谓天下之士所学于圣人之道者未始不同，既同矣，而谓己之学独异于人，是必假其名以济其伪者也。邪正之辨，诚与伪而已。表里相副，是之谓诚；言行相违，是之谓伪。臣伏见近世士夫有所谓道学者，其说以谨独为能，以践履为高，以正心诚意、克己复礼为事，若此之类，皆学者所共学也，而其徒乃谓己独能之。夷考其所为，则又大不然，不几于假其名以济其伪者耶？臣愿陛下明诏中外，痛革此习，每于听纳除授之间，考察其人，摈弃勿用，以示好恶之所在，庶几多士靡然向风，言行表里，一出于正，无或肆为诡异，以干治体。’从之。”

[224]《宋史·世宗本纪》卷八：“闰月甲午，上谓宰臣曰：“帝

王之政，固以宽慈为德，然如梁武帝专务宽慈，以至纲纪大坏。朕尝思之，赏罚不滥，即是宽政也，馀复何为。”

[225]“臣留正曰”。原作“臣鱼正曰”，据《宋史全文·宋孝宗把》卷二十七下改。“一人而已”。原文缺“而已”，据《宋史全文·宋孝宗八》卷二十七下补。《宋史全文·宋孝宗八》卷二十七下：“臣留正曰：‘三年之丧，天下之通丧也。汉文始变古道，景帝不师典礼，从世遵之，丧纪遂废。晋武欲申私慕，竞夺于裴秀、傅玄之说，元魏孝文能依古制，犹未尽合于亮阴遏密之礼，其余无足议也。然汉文之制轻重三等，汉人用之，三十六日而释服。魏晋以来，未逾月而葬，既葬而除，随宜增损，初无定说。以日易月之论发于应劭，陋儒习之，其后遂断为二十七日之制。先王之礼既已大坏，比之汉制，亦非旧章，虽有明智之君、贤哲之辅，惮于更张，因循相袭，良可叹已。寿皇慕亲之孝根于天性，事亡之敬发于至诚，虽圣躬以不毁之年，群臣屡致易服之请，而睿志先定，断然不疑。山陵已事，退奉几筵，缞绖三年，以终丧制，千载以来，一人而已。於戏圣哉！’”

[226]《通鉴续编》卷十八：“王淮罢，周必大荐熹为江西提刑，入奏事，或要于路曰：‘“正心诚意”之论，上所厌闻，慎勿复言。’熹曰：‘吾平生所学，惟此四字，岂可隐默以欺吾君乎！’及入对，首言：‘陛下居虚明应物之地，而天理有所未纯，人欲有所未尽，是以为善不能充其量，除恶不能去其根，一念之顷，公私邪正、是非得失之机

交战于中。愿自今以往，一念之顷，必察夫天理人欲。果天理邪，则敬以充之，而不使少有壅阏；果人欲邪，则敬以克之，而不使少有凝滞。推而至于言语动作之闲，用人处事之际，无不以是裁之，则圣心洞彻，而天下之事，将惟陛下所欲为，无不如志矣。'帝曰：'久不见卿，浙东之事，朕自知之。今当处卿清要，不复以州县为烦也。'"

[227]《宋史全文·宋孝宗八》卷二十七下："十二月，先是，朱熹以奉祠去，至是再召，熹再辞，遂并具封事，投匦以进，其略曰：'今天下大势，如人有重病，内自腹心，外达四肢，无一毛一发不受病者。臣不暇言，且以天下之大本与今日之急务为陛下言之。盖大本者，陛下之心；急务则辅翼太子，选任大臣，振举纲维，变化风俗，爱养民力，修明军政六者是也。古先圣王兢兢业业，持守此心，虽在纷华波荡之中，幽独得肆之地，而所以精之一之，克之复之，如对神明，如临渊谷，犹恐隐微之间，或有差失而不自知，是以建师、保之官，列谏诤之职，凡饮食、酒浆、衣服、次舍、器用、财贿与夫宦官、宫妾之政，无一不领于冢宰，使其左右前后、一动一静，无不制以有司之法，而无纤芥之隙、瞬息之顷，得以隐其毫发之私。陛下之所以精一克复而持守其心，果有如此之功乎？所以修身齐家而正其左右，果有如此之效乎？宫省事禁，臣固不得而知。至于左右便嬖之私，恩遇过当。往者渊、觌、说、抃之流势焰熏灼，倾动一时，今已无可言矣，独有前日臣所开陈者，虽蒙圣恩，委曲开

譬，然臣之愚，窃以为此辈但当使之守门传命，供扫除之役，不当假借崇长，使得逞邪媚，作淫巧于内以荡主心；立门庭，招权势于外以累圣政。臣窃闻之道路，自王抃既逐之后，诸将差除，多出此人之手。陛下竭生灵膏血以奉军旅，而军士顾乃未尝得一温饱，是皆将帅巧为名色，夺取衣粮，肆行货赂于近习，以图进用，出入禁闼腹心之臣，外交将帅，共为欺蔽，以至于此，而陛下不悟，反宠昵之，以是为我之私人，至使宰相不得议其制置之得失，给谏不得论其除授之是非，则陛下之所以正其左右者，未能及古之圣王明矣。至于辅翼太子，则自王十朋、陈良翰之后，官僚之选，号为得人，而能称其职者，盖已鲜矣，而又时使邪佞儇薄、阘冗庸妄之辈或得参错于其间，所谓讲读，亦姑以应文备数，而未闻其有箴规之效。至于从容朝夕、陪侍游燕者，又不过使臣宦者数辈而已。夫立太子而不置师傅宾客，则无以发其隆师亲友、尊德乐义之心，独使春坊使臣得侍左右，则无以防其戏嫚亵狎、奇邪杂进之害。宜讨论前典，置师傅宾客之官，去春坊使臣，而使詹事、庶子各复其职。至于选任大臣，则以陛下之聪明，岂不知天下之事必得刚明公正之人而后可任哉？其所以常不得如此之人，而反容鄙夫之窃位者，直以一念之间，未能彻其私邪之蔽，而燕私之好，便嬖之流不能尽由于法度。若用刚明公正之人以为辅相，则恐其有以妨吾之事，害吾之人，而不得肆，是以选抡之际，常先排摈此等置之度外而后取，凡疲懦软熟、平日不敢直言正色之人而揣摩之，又于其中得其至庸极陋、决可保其不至于有所妨者，然后举而加之于位，是以除书未出而物色先定，姓名未显，而中外已逆知其决非天下之第一流矣。至于振肃纪纲、变化风俗，则今日宫省之间，禁密之地，而天下不公之道、不正之人，顾乃得以窟穴盘据于其间，而陛下目见耳闻，无非不公不正之事，则其所以熏蒸销铄，使陛下好善之心不著，疾恶之意不深，其害已有不可胜言者矣。及其作奸犯法，则陛下又不能深割私爱而付诸外廷之议，论以有司之法，是以纪纲不能无所挠败。纪纲不振于上，是以风俗颓弊于下，盖其为患之日久矣，而浙中为尤甚，大率习为软美之态、依阿之言，以不分是非、不辨曲直为得计，甚者以珠玉为脯醢，以契券为诗文，宰相可啖则啖宰相，近习可通则通近习，惟得之求，无复廉耻，一有刚毅正直、守道循理之士出乎其间，则群议众排，指为道学，而加以矫激之罪。十数年来，以此二字禁固天下之贤人君子，复如崇、观之间所谓元祐学术者，排摈诋辱，必使无所容其身而后已。呜呼！此岂治世之事，而尚复忍言之哉？至于爱养民力，修明军政，则自虞允文之为相也，尽取版曹岁入窠名之可指拟者，号为岁终羡余之数而输之内帑，顾以其有名无实，积累挂欠，空载簿籍，不可催理者拨还版曹，以为内帑之积，将以备他日用兵进取不时之须，宰相不得以式贡均节其出入，版曹不得以簿书勾考其在亡，日销月耗，以奉燕私之费者，盖不知其几何矣，而曷尝闻其能用此钱以易胡人之首如太祖皇帝之言哉？徒使版曹阙乏日甚，督趣日峻，造为比较监司、郡守殿最之法以诱胁之，于是中外承风，竞为苛急，此民力之所以重困也。诸将之求进也，必先掊克士卒，以殖私财，然后以此自结于陛下之私人，而祈以姓名达于陛下之贵将，贵将得其姓名，即以付之军中，使自什伍以上节次保明，备其材武堪任将帅，然后具奏，揩为牍而言之陛下之前。陛下但见其等级推先，案牍具备，则诚以为公荐而可以得人矣，而岂知其论价输钱，已若晚唐之债帅矣。夫将者三军之司命，而其选置之方乖剌如此，则智勇材略之人，孰能抑心下首于宦官宫妾之门？而陛下之所得以为将帅者，皆庸夫走卒，而犹望其修明军政，激劝士卒，以强国势，岂不误哉？凡此六事，皆不可缓，而本在于陛下之心一心。一心正则六事无不正，一有人心私欲以介乎其间，则虽欲惫精劳力以求正夫六事者，亦将徒为文具，而天下之事，愈至于不可为矣。’疏入，夜漏下七刻，上已就寝，亟起秉烛读之。明日，除主管太乙宫兼崇政殿说书。时上已有倦勤之意，盖将以为燕翼之谋。熹尝草奏疏，言讲学以正心、修身以齐家、远便嬖以近忠直、抑私恩以抗公道、明义理以绝神奸、择师傅以辅皇储、精选任以明体统、振纪纲以厉风俗、节财用以固邦本、修政事以攘夷狄凡十事，欲以为新政之助。会执政有指道学为邪气者，乃辞新命，除秘阁修撰，仍奉新祠，遂不果上。”

[228]《宋史·光宗本纪》卷三十六：“光宗循道宪仁明功茂德温文顺武圣哲慈孝皇帝，讳惇，孝宗第三子也。母曰成穆皇后郭氏。绍兴十七年九月乙丑，生于藩邸。二十年，

赐今名，授右监门卫率府副率，转荣州刺史。孝宗即位，拜镇洮军节度使、开府仪同三司，封恭王。”

[229]《宋史·刘光祖传》卷三百九十七：“光宗即位，除军器少监兼权侍左郎官，又兼礼部。时殿中侍御史阙，上方严其选，谓宰相留正曰：‘卿监、郎官中有其人。’正沈思久之，曰：‘得非刘光祖乎？’上曰：‘是久在朕心矣。’

光祖入谢，因论：

近世是非不明，则邪正互攻；公论不立，则私情交起。此固道之消长，时之否泰，而实为国家之祸福，社稷之存亡，甚可畏也。本朝士大夫学术议论，最为近古，初非有强国之术，而国势尊安，根本深厚。咸平、景德之间，道臻皇极，治保太和，至于庆历、嘉祐盛矣。不幸而坏于熙、丰之邪说，疏弃正士，招徕小人，幸而元祐君子起而救之，末流大分，事故反覆。绍圣、元符之际，群凶得志，绝灭纲常，其论既胜，其势既成，崇、观而下，尚复何言。

臣始至时，闻有讥贬道学之说，而实未睹朋党之分。中更外艰，去国六载，已忧两议之各甚，而恐一旦之交攻也。逮臣复来，其事果见。因恶道学，乃生朋党，因生朋党，乃罪忠谏。嗟乎，以忠谏为罪，其去绍圣几何！陛下履位之初，端拱而治，凡所进退，率用人言，初无好恶之私，岂以党偏为主。而一岁之内，逐者纷纷，中间好人固亦不少，反以人臣之私意，微累天日之清明。往往推忠之言，谓为沽名之举；至于洁身以退，亦曰愤怼而然。欲激怒于至尊，必加之以讦讪。事势至此，循默乃宜，循默成风，国家安赖？

臣欲熄将来之祸，故不惮反复以陈。伏几圣心豁然，永为皇极之主，使是非由此而定，邪正由此而别，公论由此而明，私情由此而熄，道学之讥由此而消，朋党之迹由此而泯，和平之福由此而集，国家之事由此而理，则生灵之幸，社稷之福也。不然，相激相胜，展转反复，为祸无穷，臣实未知税驾之所。”

[230]《宋史·陈亮传》卷四百三十六：“亮自以豪侠屡遭大狱，归家益厉志读书，所学益博。其学自孟子后惟推王通，尝曰：‘研穷义理之精微，辨析古今之同异，原心于秒忽，较礼于分寸，以积累为工，以涵养为正，睟面盎背，则于诸儒诚有愧焉。至于堂堂之陈，正正之旗，风雨云雷交发而并至，龙蛇虎豹变现而出没，推倒一世之智勇，开拓万古之心胸，自谓差有一日之长。’亮意盖指朱熹、吕祖谦等云。”

[231]“所以行权而不失其正之根本”。原文缺“权”，据《续编两朝纲目备要》卷三补。

[232]“充吾未尝忘思亲之心”。原文缺“充”，据《续编两朝纲目备要》卷三补。

[233]“而天伦可正，大本可立矣”。《续编两朝纲目备要》卷三：“而大经可正，大本可立矣。”

[234]《鹤林玉露》卷一乙编：“安子文与杨巨源、李好义合谋诛逆曦，矫诏之词曰：‘惟干戈省厥躬，朕既昧圣贤之戒；虽犬马识其主，尔乃甘夷虏之臣！邦有常刑，罪在不赦。’词旨明白，乃好义姊夫杨君玉之词也。曦年十许

岁时，其父挺尝问其志，曦有不臣之语，其父怒，蹴之炉火中，灼其面，号‘吴巴子’云。”

[235]《元史·太祖本纪》卷一：“太祖法天启运圣武皇帝，讳铁木真，姓奇渥温氏，蒙古部人。

其十世祖孛端叉儿，母曰阿兰果火，嫁脱奔咩哩犍，生二子，长曰博寒葛答黑，次曰博合睹撒里直。既而夫亡，阿兰寡居，夜寝帐中，梦白光自天窗中入，化为金色神人，来趋卧榻。阿兰惊觉，遂有娠，产一子，即孛端叉儿也。孛端叉儿状貌奇异，沉默寡言，家人谓之痴，独阿兰语人曰：‘此儿非痴，后世子孙必有大贵者。’”

[236]《元史·太祖本纪》卷一：“秋七月壬午，不豫。己丑，崩于萨里川哈老徒之行宫。临崩谓左右曰：‘金精兵在潼关，南据连山，北限大河，难以遽破。若假道于宋，宋、金世仇，必能许我，则下兵唐、邓，直捣大梁。金急，必征兵潼关。然以数万之众，千里赴援，人马疲弊，虽至弗能战，破之必矣。’言讫而崩，寿六十六。葬起辇谷。至元三年冬十月，追谥圣武皇帝。至大二年冬十一月庚辰，加谥法天启运圣武皇帝，庙号太祖。在位二十二年。

帝深沉有大略，用兵如神，故能灭国四十，遂平西夏。其奇勋伟迹甚众，惜乎当时史官不备，或多失于纪载云。

戊子年。是岁，皇子拖雷监国。”

[237]《宋史·理宗本纪》卷四十一：“理宗建道备德大功复兴烈文仁武圣明安孝皇帝，讳昀，太祖十世孙。父希瓐，

追封荣王，家于绍兴府山阴县，母全氏。以开禧元年正月癸亥生于邑中虹桥里第。前一夕，荣王梦一紫衣金帽人来谒，比寤，夜漏未尽十刻，室中五采烂然，赤光属天，如日正中。既诞三日，家人闻户外车马声，亟出，无所睹。幼尝昼寝，人忽见身隐隐如龙鳞。是时，宁宗弟沂靖惠王薨，无嗣，以宗室希瞿子赐名均为沂王后，寻改赐名贵和。嘉定十三年八月，景献太子薨，宁宗以国本未立，选太祖十世孙年十五以上者教育，如高宗择普安、恩平故事，遂以十四年六月丙寅立贵和为皇子，改赐名竑，而以帝嗣沂王。六月乙亥，补秉义郎。八月甲子，授右监门卫大将军，赐名贵诚。十五年五月丁巳，以竑为检校少保，进封济国公。己未，以帝为邵州防御使。帝性凝重寡言，洁修好学，每朝参待漏，或多笑语，帝独俨然。出入殿庭，矩度有常，见者敛容。会济国公竑与丞相史弥远有违言，弥远日谋媒蘖其失于宁宗，属意于帝而未遂。”

[238]《宋史·理宗本纪》卷四十五：“（景定元年）冬十月丙午，太阴犯斗。辛亥，诏十七界会浸轻，并以十八界会易之，限一月止。乙丑，诏行关子铜钱法，每百作七十七文足，以一准十八界会之三。帝有疾不视朝。丙寅，大赦。丁卯，帝崩。遗诏皇太子禥即皇帝位。咸淳元年三月甲申，葬于会稽之永穆陵。二年十二月丙戌，谥曰建道备德大功复兴烈文仁武圣明安孝皇帝，庙号理宗。

赞曰：理宗享国久长，与仁宗同。然仁宗之世，贤相相继，理宗四十年之间，若李宗勉、崔与之、吴潜之贤，皆弗究于用；而史弥远、丁大全、贾似道窃弄威福，与相始终。治效之不及庆历、嘉祐，宜也。

蔡州之役，幸依大朝以定夹攻之策，及函守绪遗骨，俘宰臣天纲，归献庙社，亦可以刷会稽之耻，复齐襄之仇矣；顾乃贪地弃盟，入洛之师，事衅随起，兵连祸结，境土日蹙。郝经来使，似道讳言其纳币请和，蒙蔽抑塞，拘留不报，自速灭亡，吁，可惜哉！由其中年嗜欲既多，怠于政事，权移奸臣，经筵性命之讲，徒资虚谈，固无益也。

虽然，宋嘉定以来，正邪贸乱，国是靡定，自帝继统，首黜王安石孔庙从祀，升濂、洛九儒，表章朱熹《四书》，丕变士习，视前朝奸党之碑、伪学之禁，岂不大有径庭也哉！身当季运，弗获大效，后世有以理学复古帝王之治者，考论匡直辅翼之功，实自帝始焉。庙号曰'理'，其殆庶乎！"

[239] "王是上天监观四方"。《刘克庄集笺校》卷一六八："政是上天鉴观四方。"

[240]《刘克庄集笺校》卷一六八："九月己酉入对，上曰：'卿去国十年，每切思贤。'时襄阃代去，江淮出师取三京，王师果溃于洛阳，退守泗州。奏三札，一言：'今中原无主，政是上天鉴观四方，为民择主之时。若能修德格天，天必命陛下为中原之主。不然，则天命将归之他人。臣向为先帝陈祈天永命之戒，其说出于召公，然反覆召诰一篇，纲目曰敬德，曰小民而已。传曰："敬者德之聚。"仪狄之酒，南威之色，盘游弋射之娱，禽兽狗马之玩，

有一于此，皆足害敬，其可不戒？此祈天永命之一也。天之视听，因民视听，民心之尚背，即天心之向背。权臣之末，货赂公行，诛求既广，民不堪命。大盗相挺而起，赖陛下布端平之诏，一洗而新之。然窒贿道而贿进者尚存，惩赃吏而赃多者漏网。江淮军兴，调度骚然。宜戒郡邑掊刻，停边阃科调，此祈天永命之二也。《易》曰：“天之所助者顺，人之所助者信。”天厌夷德久矣。陛下傥能敬德以迓续休命，中原终为吾有。若徒以力求之，而不反其本，天意难测，臣实忧之。’二言：‘进取有二难，用兵莫急于人才。今举世所属，曾不数人，一难也。臣嘉定中尝乞经理两淮，垦田积谷，而权臣视为迂阔。塞下之备枵然，一旦举兵，乃漕浙米，由江入淮，汴既久湮，又须陆运，劳费甚于登天，二难也。夫此二难，皆权臣玩愒之罪，非今日措置之失。然承三十年之弊，欲整治之，非十年不能。此正诸葛亮闭关息民之时也，愿以收敛靠实为主。’又言：‘今日事势，犹以和扁继庸医作坏之后，一药之误，代为庸医受责矣。兢业戒谨，尤当百倍。’三言：‘战守之论不同，同于为国，元祐中廪廪向治，惟群贤自相矛盾，小人得以乘之。愿平心商榷，以前事为戒。’每奏，上必称善。公言士大夫狃于旧习，上曰：‘往往革面而未革心。’公乞选监司郡守，上曰：‘闻卿所至，视民如子。’公巽谢，又言：‘恢复名义甚正，但故相不曾做得工夫。’上曰：‘昨读卿所上封事，可见忠诚。’”

[241]《元史·耶律楚材传》卷一百四十六：“富人刘忽笃马、

涉猎发丁、刘廷玉等以银一百四十万两扑买天下课税，楚材曰：'此贪利之徒，罔上虐下，为害甚大。'奏罢之。常曰：'兴一利不如除一害，生一事不如省一事。'"

[242]《宋宰辅编年录校补》续编卷十五："五刑之属三千，其罪莫大于不孝。若以法绳之，虽置之 钺，犹不足谢天下，况复置诸具瞻之位，其何以训天下后世耶?"

[243]"是迪是懋"。原文缺"懋"，据《宋史全文》卷三十六补。

[244]"我国家因唐之旧"。原文缺"因"，据《宋史全文》卷三十六补。

[245]"所以保乂王家"。原文缺"乂"，据《宋史全文》卷三十六补。

[246]"厥功茂哉"。原文缺"功"，据《宋史全文》卷三十六补。

[247]《宋史全文·宋理宗六》卷三十六："甲子景定五年正月丁丑朔，御大庆殿，群臣朝贺。诏：'朕粤稽盛帝明王制治保邦，曷尝不以人材为先务？盖虽尧舜之法度，文武之方策，苟非得人，是迪是懋，则亦徒法而已。故必赖济济之贤、蔼蔼之士，布列中外，道德一而风俗同，然后可望其举行不悖，相维于长久也。我国家因唐之旧，进士一科，得人为盛，三百年间，所以保乂王家，垂休亿载者，厥功茂哉。弊久蠹滋，迩年尤甚。非无佳士颖出由此其选，然穷经学古者，或病于词华，植德砺行者，难究其蕴奥，高才大器者，往往局于纤悉绳墨之末，是以官甚冗而才愈乏，家殊俗而风益漓。至于冒国法以苟

营，假儒冠而挟册，俚言乱雅，剿说趋时，使习之者反贼其良，而取之者莫任其咎。人情至此，咸欲变通。盖尝披阅先朝名臣奏议，其论取士之法非一，惟程颢、颐兄弟深知治道，酌古通今，纲条详明，用意纯切。令三省详议，参酌其可行者条具以闻，务于科举令甲无大更张，以妥安士心，而于进士举之外，所以崇尚经术、考察德行、选用材能之道立为一代之典，陶成四方之风，庶几丰芑之仁，垂之万世，顾不美欤?' ”

[248]《宋史·度宗本纪》卷四十六："度宗端文明武景孝皇帝，讳禥，太祖十一世孙。父嗣荣王与芮，理宗母弟也。嘉熙四年四月九日生于绍兴府荣邸。初，荣文恭王夫人全氏梦神言：'帝命汝孙，然非汝家所有。'嗣荣王夫人钱氏梦日光照东室，是夕，齐国夫人黄氏亦梦神人采衣拥一龙纳怀中，已而有娠。及生，室有赤光。资识内慧，七岁始言，言必合度，理宗奇之。及在位岁久，无子，乃属意托神器焉。

淳祐六年十月己丑，赐名孟启，以皇侄授贵州刺史，入内小学。七年正月乙卯，授宜州观察使，就王邸训习。九年正月乙巳，授庆远军节度使，封益国公。十一年正月壬戌，改赐名孜，进封建安郡王。宝祐元年正月庚辰，诏立为皇子，改赐今名。癸未，授崇庆军节度使、开府仪同三司，进封永嘉郡王。二年七月，以宗正少卿蔡抗兼翊善。时资善堂初建，理宗制《堂记》，书以赐王。十月癸酉，进封忠王。十一月壬寅，加元服，赐字邦寿。五年十月庚子，授镇南、遂安军节度使。

景定元年六月壬寅，立为皇太子，赐字长源，命杨栋、叶梦鼎为太子詹事。七月丁卯，太子入东宫；癸未，行册礼。时理宗家教甚严，鸡初鸣问安，再鸣回宫，三鸣往会议所参决庶事。退入讲堂，讲官讲经，次讲史，终日手不释卷。将晡，复至榻前起居，率为常。理宗问今日讲何经，答之是，则赐坐赐茶；否则为之反覆剖析；又不通，则继以怒，明日须更覆讲。二年正月丁丑，谒孔子于太学，请以张栻、吕祖谦列从祀。十二月癸卯，册永嘉郡夫人全氏为皇太子妃。

五年十月丁卯，理宗崩，受遗诏，太子即皇帝位。戊辰，尊皇后谢氏曰皇太后，生日为寿崇节。庚午，宰执、文武百官诣祥曦殿表请听政，不允。辛未，大赦。”

[249]《元朝名臣事略》卷八：“先生居乡里，凡丧葬一遵古制，不用二氏，怀州士夫家因以为俗，四方闻风亦有效之者。每遇其徒，未尝面诋其非，但从容款话，其人已不觉内愧发赤，或涕出，悔其陷溺之深也。近舍有德公者，年百余岁，尝谓先生曰：‘老僧苦行百年，亦不能作佛，徒为不孝之人，羞见祖宗于地下。但愿劝小僧辈曷若还俗，以寿汝祖宗之嗣。’比化不度一人。”

[250]《宋史·文天祥传》卷四百一十八：“天祥性豪华，平生自奉甚厚，声伎满前。至是，痛自贬损，尽以家赀为军费。每与宾佐语及时事，辄流涕，抚几言曰：‘乐人之乐者忧人之忧，食人之食者死人之事。’”

[251]《宋史·瀛国公本纪》卷四十七：“瀛国公 名，度宗皇帝子也，母曰全皇后，咸淳七年九月己丑，生于临安府

之大内。九年十一月授左卫上将军，封嘉国公。”

[252]《宋史·瀛国公本纪》卷四十七：“十六年正月壬戌，张弘范兵至厓山。庚午，李恒兵亦来会。世杰以舟师碇海中，棋结巨舰千余艘，中舻外舳，贯以大索，四周起楼棚如城堞，居昺其中。大军攻之，舰坚不动。又以舟载茅，沃以膏脂，乘风纵火焚之。舰皆涂泥，缚长木以拒火舟，火不能艺。二月戊寅朔，世杰部将陈宝降。己卯，都统张达以夜袭大军营，亡失甚众。癸未，有黑气出山西。李恒乘早潮退攻其北，世杰以淮兵殊死战。至午潮上，张弘范攻其南，南北受敌，兵士皆疲不能战。俄有一舟樯旗仆，诸舟之樯旗遂皆仆。世杰知事去，乃抽精兵入中军。诸军溃，翟国秀及团练使刘俊等解甲降。大军至中军，会暮且风雨，昏雾四塞，咫尺不相辨。世杰乃与苏刘义断维，以十余舟夺港而去，陆秀夫走卫王舟，王舟大，且诸舟环结，度不得出走，乃负昺投海中，后宫及诸臣多从死者，七日，浮尸出于海十余万人。杨太后闻昺死，抚膺大恸曰：‘我忍死艰关至此者，正为赵氏一块肉尔，今无望矣！’遂赴海死，世杰葬之海滨，已而世杰亦自溺死。宋遂亡。”

《宋史·陆秀夫传》卷四百五十一：“至元十六年二月，厓山破，秀夫走卫王舟，而世杰、刘义各断维去，秀夫度不可脱，乃杖剑驱妻子入海，即负王赴海死，年四十四。”

[253]《元史·世祖本纪》卷四：“世祖圣德神功文武皇帝，讳忽必烈，睿宗皇帝第四子。母庄圣太后，怯烈氏。以乙

亥岁八月乙卯生。及长，仁明英睿，事太后至孝，尤善抚下。纳弘吉剌氏为妃。岁甲辰，帝在潜邸，思大有为于天下，延藩府旧臣及四方文学之士，问以治道。”

[254]《宋史·赵希洎传》卷四百五十四：“文天祥兵败，以失言与必向俱被囚，辞节愈厉，家人馈食，则碎器覆诸地，俱不食，据榻而死。”

[255]《元史·成宗本纪》卷十八：“成宗钦明广孝皇帝，讳铁穆耳，世祖之孙，裕宗真金第三子也。母曰徽仁裕圣皇后，弘吉烈氏。至元二年九月庚子生。二十四年，诸王乃颜反，世祖自将讨平之。其后合丹复叛，命帝往征之，合丹败亡。三十年〔六月〕乙巳，受皇太子宝，抚军于北边。三十一年春正月，世祖崩，亲王、诸大臣遣使告哀军中。”

《元史·成宗本纪》卷二十一：“十一年春正月丙(辰)〔寅〕朔，帝大渐，免朝贺。癸酉，崩于玉德殿，在位十有三年，寿四十有二。乙亥，灵驾发引，葬起辇谷，从诸帝陵。是年九月乙丑，谥曰钦明广孝皇帝，庙号成宗。国语曰完泽笃皇帝。

成宗承天下混一之后，垂拱而治，可谓善于守成者矣。惟其末年，连岁寝疾，凡国家政事，内则决于宫壶，外则委于宰臣；然其不致于废坠者，则以去世祖为未远，成宪具在故也。”

[256]《元史·武宗本纪》卷二十二：“武宗仁惠宣孝皇帝，讳海山，顺宗答剌麻八剌之长子也。母曰兴圣皇太后，弘吉剌氏。至元十八年七月十九日生。”

《元史·武宗本纪》卷二十三：“四年春正月癸酉朔，帝不豫，免朝贺，大赦天下。庚辰，帝崩于玉德殿，在位五年，寿三十一。壬午，灵驾发引，葬起辇谷，从诸帝陵。

夏五月乙未，文武百官也先铁木儿等上尊谥曰仁惠宣孝皇帝，庙号武宗。国语曰曲律皇帝。是日，请谥南郊。

闰七月丙午，祔于太庙。

武宗当富有之大业，慨然欲创治改法而有为，故其封爵太盛，而遥授之官众，锡赉太隆，而泛赏之恩溥，至元、大德之政，于是稍有变更云。”

[257]《元史·阿沙不花传》卷一百三十六：“帝又尝御五花殿，丞相塔思不花、三宝奴，中丞伯颜等侍。阿沙不花见帝容色日悴，乃进曰：‘八珍之味不知御，万金之身不知爱，此古人所戒也。陛下不思祖宗付托之重，天下仰望之切，而惟曲蘖是沉，姬嫔是好，是犹两斧伐孤树，未有不颠仆者也。且陛下之天下，祖宗之天下也，陛下之位，祖宗之位也，陛下纵不自爱，如宗社何?’帝大悦曰：‘非卿孰为朕言。继自今毋爱于言，朕不忘也。’因命进酒。阿沙不花顿首谢曰：‘臣方欲陛下节饮而反劝之，是臣之言不信于陛下也，臣不敢奉诏。’左右皆贺帝得直臣。遂进开府仪同三司、中书右丞相，行御史大夫。”

[258]《元史·仁宗本纪》卷二十四：“仁宗圣文钦孝皇帝，讳爱育黎拔力八达，顺宗次子，武宗之弟也。母曰兴圣太

后，弘吉剌氏。至元二十二年三月丙子生。”

[259]《元史·英宗本纪》卷二十七：“英宗睿圣文孝皇帝，讳硕德八剌，仁宗嫡子也。母庄懿慈圣皇后，弘吉剌氏，以大德七年二月甲子生。仁宗欲立为太子，帝入谒太后固辞，曰：‘臣幼无能，且有兄在，宜立兄，以臣辅之。’太后不许。延祐三年十二月丁亥，立为皇太子，授金宝，开府置官属。监察御史段辅、太子詹事郭贯等，首请近贤人，择师傅，帝嘉纳之。六年十月戊午，受玉册，诏命百司庶务必先启太子，然后奏闻。帝谓中书省臣曰：‘至尊委我以天下事，日夜寅畏，惟恐弗堪。卿等亦当洗心涤虑，恪勤乃职，勿有隳坏，以贻君父忧。’”

[260]《元史·泰定帝本纪》卷二十九：“泰定皇帝，讳也孙铁木儿，显宗甘麻剌之长子，裕宗之嫡孙也。初，世祖以第四子那木罕为北安王，镇北边。北安王薨，显宗以长孙封晋王代之，统领太祖四大斡耳朵及军马、达达国土。至元十三年十月二十九日，帝生于晋邸。大德六年，晋王薨，帝袭封，是为嗣晋王，仍镇北边。成宗、武宗、仁宗之立，咸与翊戴之谋，有盟书焉。”

《元史·泰定帝本纪》卷三十：“（致和元年）秋七月辛酉朔，宁夏地震。庚午，帝崩，寿三十六。葬起辇谷。己卯，大宁路地震。癸未，修佛事于钦明殿。乙酉，皇后、皇太子降旨谕安百姓。丙戌，太白犯轩辕大星。

九月，倒剌沙立皇太子为皇帝，改元天顺，诏天下。

泰定之世，灾异数见，君臣之间，亦未见其引咎责躬之实。然能知守祖宗之法以行，天下无事，号称治平，兹其所以为足称也。”

[261]《元史·明宗本纪》卷三十一：“明宗翼献景孝皇帝，讳和世 ，武宗长子也。母曰仁献章圣皇后，亦乞烈氏。成宗大德三年，命武宗抚军北边，帝以四年十一月壬子生。成宗崩，十一年，武宗入继大统，立仁宗为皇太子，命以次传于帝。

武宗崩，仁宗立，延祐三年春，议建东宫，时丞相铁木迭而欲固位取宠，乃议立英宗为皇太子，又与太后幸臣识烈门谮帝于两宫，浸润久之，其计遂行。于是封帝为周王，出镇云南。置常侍府官属，以遥授中书左丞相秃忽鲁、大司徒斡耳朵、中政使尚家奴、山北辽阳等路蒙古军万户孛罗、翰林侍讲学士教化等并为常侍，中卫亲军都指挥使唐兀、兵部尚书赛罕八都鲁为中尉，仍置谘议、记室各二员，遣就镇。

是年冬十一月，帝次延安，秃忽鲁、尚家奴、孛罗及武宗旧臣厘日、沙不丁、哈八儿秃等皆来会。教化谋曰：‘天下者我武皇之天下也，出镇之事，本非上意，由左右构间致然。请以其故白行省，俾闻之朝廷，庶可杜塞离间，不然，事变叵测。’遂与数骑驰去。先是，阿思罕为太师，铁木迭儿夺其位，出之为陕西行省丞相，及教化等至，即与平章政事塔察儿、行台御史大夫脱里伯、中丞脱欢，悉发关中兵，分道自潼关、河中府入。已而塔察儿、脱欢袭杀阿思罕、教化于河中，帝遂西行，至北边金山。西北诸王察阿台等闻帝至，咸率众来附。帝至其部，与定约束，每岁冬居扎颜，夏居斡罗斡察山，春则命从者耕于野泥，十余年间，边境宁谧。

延祐七年，仁宗崩，英宗嗣立。是岁夏四月丙寅，子妥欢帖木尔生，是为至正帝。至治三年八月癸亥，御史大夫铁失等弑英宗，晋王也孙铁木儿自立为皇帝，改元泰定。五月，遣使扈从皇后八不沙至自京师。二年，帝弟图帖睦尔以怀王出居于建康。三年三月癸酉，子懿璘质班生，是为宁宗。

……

（天历二月）八月乙酉朔，次王忽察都之地。丙戌，皇太子入见。是日，宴皇太子及诸王、大臣于行殿。庚寅，帝暴崩，年三十。葬起辇谷，从诸陵。是月己亥，皇太子复即皇帝位。十二月乙巳，知枢密院事臣也不伦等议请上尊谥曰翼献景孝皇帝，庙号明宗。三年三月壬申，祔于太庙。”

[262]《元史·文宗本纪》卷三十二：“文宗圣明元孝皇帝，讳图帖睦尔，武宗之次子，明宗之弟也。母曰文献昭圣皇后，唐兀氏。大德三年，武宗总兵北边，帝以八年春正月癸亥生。”

《元史·文宗本纪》卷三十六：“八月辛丑，诸王阿儿加失里献斡罗思三十人、淅丁百三人。赈大都宝坻县饥民以京畿运司粮万石。癸卯，吴王木喃子及诸王答都河海、锁南管卜、帖木儿赤、帖木迭儿等来朝。赐护守上都宫殿卫卒二千二百二十九人，人钞二十五锭。乙巳，天鼓鸣于东北。丙午，遣官祭社稷。丁未，有事于太庙。海道漕运粮六十九万余石至京师。己酉，陇西地震。帝崩，寿二十有九，在位五年。癸丑，灵驾发引，葬起辇谷，从诸帝陵。元统二年正月己酉，太师右丞相伯颜率文武百官等议，上尊谥曰圣明元孝皇帝，庙号文宗，国言谥号曰札牙笃皇帝，请谥于南郊。三月己酉，祔于太庙。后至元六年六月，以帝谋为不轨，使明宗饮恨而崩，诏除其庙主。放燕帖古思于高丽，未至，月阔察儿害之于中道。”

[263]《元史·顺帝本纪》卷三十八：“顺帝名妥欢贴睦尔，明宗之长子。母罕禄鲁氏，名迈来迪，郡王阿儿厮兰之裔孙也。初，太祖取西北诸国，阿儿厮兰率其众来降，乃封为郡王，俾领其部族。及明宗北狩，过其地，纳罕禄鲁氏。延祐七年四月丙寅，生帝于北方。”

《元史·顺帝本纪》卷四十七：“八月庚（申）〔午〕，大明兵入京城，国亡。

后一年，帝驻于应昌府。又一年，四月丙戌，帝因痢疾殂于应昌，寿五十一，在位三十六年。太尉完者、院使观音奴奉梓宫北葬。五月癸卯，大明兵袭应昌府，皇孙买的里八剌及后妃并宝玉皆被获，皇太子爱猷识礼达腊从十数骑遁。大明皇帝以帝知顺天命，退避而去，特加其号曰顺帝，而封买的里八剌为崇礼侯。”